Dr. Hermann Renßlch

Der Wald im Haushalt der Natur und der Volkswirtschaft

Dr. Hermann Renßlch

Der Wald im Haushalt der Natur und der Volkswirtschaft

ISBN/EAN: 9783743320390

Hergestellt in Europa, USA, Kanada, Australien, Japan

Cover: Foto ©ninafisch / pixelio.de

Manufactured and distributed by brebook publishing software (www.brebook.com)

Dr. Hermann Renßlch

Der Wald im Haushalt der Natur und der Volkswirtschaft

Der Wald.

Der Wald

im Haushalt

der Natur und der Volkswirthschaft

von

Dr. Hermann Rentzsch.

Gekrönte Preisschrift.

Zweite umgearbeitete Auflage.

Leipzig.

Verlag von Gustav Mayer.

1862.

Vorrede zur zweiten Auflage.

Die Oekonomische Gesellschaft im Königreiche Sachsen stellte im Jahre 1856 die Preisfrage: „Welche Nachtheile sind aus der Verwüstung der Privatwaldungen hervorgegangen, und welche Maßregeln sind aus staats- und volkswirthschaftlichen Rücksichten wünschenswerth, um jene Nachtheile zu beseitigen oder wenigstens zu mildern?" und wurde unter den eingegangenen Concurrenzarbeiten der Schrift des Verfassers der Preis zuerkannt. Die Oekonomische Gesellschaft veröffentlichte die kleine Abhandlung in ihren Jahrbüchern für Volks- und Landwirthschaft und veranstaltete gleichzeitig unter dem Titel: „Die Nachtheile aus der Verwüstung der Privatwaldungen und deren Abhilfe" einen Separatabdruck.

Der Verfasser hat diese überaus wichtige Frage, welche die Nationalökonomen ebenso wie die Forst- und Landwirthe seit Jahrzehnten fast unausgesetzt beschäftigt hat, jederzeit im Auge behalten, und haben sich seine Erfahrungen während dieser Zeit namhaft bereichert. Während für die erste Auflage ein besonderes Eingehen auf die forstwirthschaftlichen Verhältnisse des Königreichs Sachsen im Preisausschreiben gefordert war, ist der Verfasser bemüht gewesen, das deutsche Gesammtvaterland in den Kreis der

Betrachtung zu ziehen und dabei sind manche Ansichten besser begründet oder erweitert, neue statistische Data beigebracht, vorzugsweise ist aber der Volkswirthschaftslehre ihr Recht besser als früher gewahrt worden, wie schon ein flüchtiger Vergleich sofort überzeugen wird. Nichts desto weniger möchte eine strenge Kritik, welche die in mehr als einer Hinsicht fehlenden Vorarbeiten ignoriren wollte, Veranlassung zu mancherlei Ausstellungen finden und hofft der Verfasser deshalb auf eine angemessene milde Beurtheilung.

Die vorhandene reichhaltige forstwirthschaftliche Literatur hat der Verfasser indessen sorgfältig studirt und fühlt er sich verpflichtet, dankbar anzuerkennen, wie reiche Belehrung er namentlich aus den Schriften Roschers und der Staatsforstwirthschaftslehre des Oberforstrathes v. Berg geschöpft hat.

Möge die kleine Schrift dazu beitragen, richtige Ansichten von der Wichtigkeit der Wälder in klimatischer und volkswirthschaftlicher Hinsicht zu verbreiten!

Dresden, Ende Juli 1862.

Der Verfasser.

Inhalt.

I. Einleitung	1
II. Die Regulirung der Temperatur	10
III. Die Regulirung der atmosphärischen Niederschläge	18
IV. Rückwirkung auf die Gesundheit der Bewohner und die Fruchtbarkeit des Bodens	33
V. Die wirthschaftliche Wichtigkeit des Waldes	54
1) Das Brennholz.	
2) Das Holz als Baumaterial.	
3) Das Holz als Rohmaterial der Industrie.	
4) Der Holzhandel.	
VI. Die Nebennutzungen im Walde (Fortsetzung)	79
1) Waldweide und Grasnutzungen.	
2) Die Waldstreu.	
3) Die Waldfrüchte.	
4) Das Leseholz.	
5) Bienenzucht und Jagd.	
VII. Nationalökonomische Principien der Forstwirthschaft	94
VIII. Das nothwendige procentale Verhältniß der Waldmenge eines Landes zu dessen Oberfläche	101
IX. Statistik der Waldungen Deutschlands	125
X. Die Staatswaldungen	133
XI. Der Staat und die Privatwaldungen	143
XII. Vorbeugende Maßregeln	156

I.

Einleitung.

Durch geheime Bande knüpfte die Natur das Wohl der Menschheit an die Existenz der Wälder.

Der kindliche Zustand einer jeden Nation wird nach den Lehren der Geschichte durch das Vorhandensein bedeutender Waldungen characterisirt, und lag die Erhaltung des Waldbestandes theilweise in den Anschauungen und Characteren der einzelnen Völkerschaften mit begründet. So war bei den Deutschen der Wald der Wohnsitz ihrer Naturgötter. Die heiligen Haine waren den Göttern geweiht, und Priester sowie heilige Frauen schreckten die Axt des Holzhauers durch Unglück verheißende Prophezeiungen zurück. Die griechische Götterlehre bevölkerte die Wälder ihres Landes mit schützenden Halbgottheiten und suchte so, sei es nun mit oder ohne Absicht geschehen, dem Ackerbau bestimmte Grenzen zu ziehen, indem sie durch einen sinnigen Cultus ein auf den Character dieses Volkes wohl berechnetes Interesse, eine heilige Scheu vor dem Walde zu wecken und zu erhalten verstand.

Selbst das Christenthum, das doch in alle Verhältnisse theils mittelbar, theils unmittelbar ändernd und zum Fortschritte drängend eingriff, benutzte diese alte, heilige Scheu vor den Wäldern, indem es seine ersten Kapellen und Klöster nur hier vor den rohen Verfolgungen fanatisch aufgeregter Horden für sicher erkannte. Später, nachdem mit der wachsenden Aufklärung diese Scheu verschwunden war, waren es andere Verhältnisse, die die Erhaltung der Wälder beförderten. Zur Zeit des Mittelalters verhinderten die vielen Kämpfe und Streitigkeiten das Anwachsen der Bevölkerung und damit die Ausdehnung des Ackerbaues; die Kreuzzüge verschafften den Klöstern bedeutende Schenkungen, welche die jeder Arbeit scheuen Mönche gern als Waldungen ließen. Andererseits fand der Raubritter eine durch Waldungen versteckte und unzugänglich gemachte Burg ganz in seinem Interesse, da er sich hier sowohl sicher vor der rächenden Hand des Vehmgerichts, der kaiserlichen und der städtischen Macht sah, als von seinem Verstecke aus leichter die in der Nähe vorüber ziehenden Waarenzüge überfallen und ausplündern konnte. — Im Süden dagegen, in Spanien, schützten die Mauren, durch religiöse Vorschriften bewogen, die Waldungen, da der Mohamedanismus das Beschädigen der Bäume und das Ausroden der Wälder als schimpflich bezeichnet.

Doch diese Zeiten verschwanden. Handel und Gewerbe blühten auf, Straßen wurden angelegt, neue Städte und Dörfer entstanden, und der Ackerbau bemächtigte sich eines großen Theils der früher mit Wald bestandenen Oberfläche. Die Reformation hob in vielen Ländern die Klöster auf, und der Staat, d. h. zu damaliger Zeit, der Fürst und ein Theil der angesehensten Edelleute traten in den Besitz, oder rissen die herrenlosen Flächen, nachdem sie zuerst die Verwaltung übernommen hatten, an sich. Die fortschreitende Cultur machte jetzt schon bedeutende Ansprüche an den Wald. Man bedurfte seiner, um Wohnungen zu erbauen und zu verschönern, Ströme zu überbrücken, die Producte des aufblühenden Bergbaues zu gewinnen, dem hereinbrechenden Meere feste Dämme entgegenzusetzen. Der Krieg, der überall zerstört, nirgends aber schafft, brauchte Pfahlwerke zur Vertheidigung fester Plätze, Stämme zu künstlichen Verhauen; der Seehandel, der durch die Entdeckung Amerika's einen vorher nie geahnten Aufschwung genommen hatte, verschlang ganze Wälder zur Erbauung der Schiffe. Während die Flotte der Hansa zu ihrer Zeit nur in Venedig und Genua ebenbürtige Gegner suchen konnte, bauten jetzt fast alle an der See wohnende Nationen nach und nach Kriegs- und Handelsschiffe. Rechnet man zu dem wachsenden Ackerbau den Mangel an allem fossilen Brennmaterial; erwägt man, daß die meisten Häuser nicht aus Stein, sondern aus Holz gebaut wurden, daß der Gebrauch und die Anwendung des Eisens zu Werkzeugen und Geräthschaften noch in der Kindheit lag; so muß man einerseits zwar über die Ausdehnung der damaligen Wälder staunen, andererseits aber doch die Schöpfungskraft der Natur bewundern, die allen diesen Ansprüchen zu genügen verstand.

Nur einen Schutzherrn fand jetzt der Wald, und auch diesen nicht seiner Wichtigkeit selbst wegen, sondern nur, weil er Mittel zum Zwecke war. Dieser Beschützer, oder richtiger diese Beschützerin war die Jagdliebe der Fürsten und Edelleute. Sonst, und das nicht mit Unrecht, von allen Seiten getadelt, war sie es doch, die theils durch harte willkührliche Gesetze, theils durch Gewaltmaßregeln die Fortschritte des Ackerbaues zu hindern und den Wald in seiner frühern Ausdehnung zu erhalten suchte. Um seinen Hirschen, Rehen und Wildschweinen ein ungestörtes Revier einzuräumen, ließ beispielsweise Wilhelm der Eroberer 30 Dörfer zerstören. Sind auch solche Gewaltthaten in gleicher Großartigkeit nur selten vorhanden, so mag es doch in früherer Zeit nicht an mancherlei ähnlichen Bedrückungen gefehlt haben.

Doch mit anderen Zeiten kamen auch andere Sitten, andere Anschauungen. Mit den Mauren verschwanden in Spanien nach und nach die Wälder. In Italien und Griechenland hatte man schon so viele Ansprüche an den Wald gemacht, daß dort der Holzmangel schon seit längerer Zeit empfindlich geworden wäre, wenn nicht das milde Klima wenig Heizmaterial verlangt hätte. Die Trägheit der Bewohner, die kaum für den nöthigen Landbau sorgte, dachte noch weniger an die Pflege der Waldungen. Doch auch in den nördlichen Staaten konnten und durften die Waldungen nicht mehr den größten Theil der Oberfläche einnehmen. Die staatlichen und volkswirthschaftlichen Verhältnisse drängten mit aller Energie darauf hin, das Uebermaß zu beschränken. Leider wurde nicht überall das richtige Verhältniß beobachtet, und Epoche machend tritt in dieser Beziehung für Frankreich die erste französische Revolution auf. In Folge allgemein bekannter Ereignisse wurden die Besitzungen der Krone und die Kirchengüter verkauft und ein sehr großer Theil der dazu gehörigen Waldungen ausgerodet. Wie in Deutschland gehörten zu den Majoratsgütern und adeligen Besitzungen in Frankreich bedeutende Waldungen, die von den Besitzern geschont worden waren. Die Revolution hatte die Auswanderung der adeligen Familien zur Folge, und die Waldungen der confiscirten Besitzungen theilten das Schicksal der Kron- und Kirchengüter. Finanzielle Bedrängnisse nöthigten die damalige Regierung, diese leichte Methode, sich Geld zu verschaffen, mehrmals zu wiederholen. Diese Maßregeln und bedeutende, von Privatbesitzern angestellte Rodungen haben bewirkt, daß Frankreichs Bodenoberfläche nur noch circa 17 (nach andern Berichten im nördlichen Theile des Landes kaum 8) Procent Holzland trägt, während man in Deutschland durchschnittlich 25—26 Procent annehmen kann.

Betrachten wir die Verhältnisse auf deutschem Boden, so ist nicht zu leugnen, daß allein die letzten 50 Jahre die Anzahl der mit Wald bewachsenen Flächen bedeutend vermindert haben. Welche Ansprüche sind nicht allein zur Zeit der Napoleonischen Kriege an den Wald gemacht, wie viele Acker Forstgrund sind hier nicht verwüstet worden! Und doch hinderte der Krieg die Ausbreitung des Ackerbaues, und erst nach dem Friedensschlusse, als Handel und Gewerbe besonders in den letzten Jahrzehnten einen nie geahnten Aufschwung nahmen, wurden dem Walde mit vollem Rechte engere Grenzen gezogen. Vor Allem war es aber die durch Hilfe der Naturwissenschaften aufblühende rationelle Landwirthschaft, die den Ackerbau seiner größern Rente wegen auf Kosten des Waldes immer mehr ausdehnte. Während die Forstwissenschaft von den neuen Entdeckungen keinen oder nur einen geringen Gebrauch machte und erst in neuester Zeit mehrere ausgezeichnete Forstmänner auch hier thätig einwirkten, bemächtigte sich der Landbau durch das Zusammentreffen mehrerer günstiger Umstände der neu gewonnenen Resultate und wandte sie mit erstaunlichem Erfolge sehr bald praktisch an. Es konnte dabei nicht fehlen, daß ein guter, tragbarer Boden, dem Ackerbau übergeben, bei rationeller Bewirthschaftung mehr Rente abwarf, als eine gleiche, mit Wald bestandene Fläche. Nicht minder ließen hohe Getreidepreise es vom finanziellen Standpunkte aus viel rathsamer erscheinen, den Wald auszuroden und die gewonnene Fläche dem Ackerbau zu übergeben. Derjenige, welcher seinen Wald niederschlug, um das Areal dem Feldbau zu übergeben, erhielt nicht nur aus der Menge des verkauften Holzes ein oft nicht unbedeutendes Capital, das auf gleich bequeme Weise nur selten zu beschaffen war, sondern hatte auch die Aussicht, aus dem fast ungeschmälerten Grundcapitale eine höhere Rente zu erzielen, und darf es daher mindestens nicht befremden, wenn von der Gelegenheit, sich auf leichte Weise Geld zu verschaffen, hier und da in übertriebener Weise Gebrauch gemacht wurde.

Dazu kam, daß durch die zahlreiche Entdeckung und die Gewinnung der fossilen Brennmaterialien, der Stein- und Braunkohlen, wie des Torfs, der Preis des Holzes sich nicht im gleichem Maße steigerte, wie der der landwirthschaftlichen Producte. Vor zwei bis dreihundert Jahren würde eine so bedeutende Gewinnung brennbarer Mineralien eine Schonung des Waldes hervorgerufen haben, da bei der geringern Zahl und bei den mäßigern Ansprüchen der damaligen Bewohner die Menge der dem Ackerbau übergebenen Ländereien ausgereicht haben würde. Jetzt strebt die Landwirthschaft darnach, nicht nur die Bedürfnisse des Heimathlandes im nächsten Umkreise zu befriedigen, sondern sie ist durch die Errichtung schneller und billiger Transportmittel, wie Eisenbahnen und Schifffahrt, in den Stand gesetzt, ihre Producte auf den Markt zu senden, der am besten bezahlt, so daß die landwirthschaftlichen Erzeugnisse selbst in gering bevölkerten Gegenden ihre niedrigen Preise verloren und damit aufgehört haben, den früheren indirecten Schutz vor dem Niederschlagen der Waldungen auszuüben. Der augenblickliche Gewinn, der aus dem Verkaufe der niedergeschlagenen Holzmassen entstand, ließ dies Verfahren um so verlockender erscheinen, zumal wenn, wie bei den Eisenbahnschwellen, augenblickliche starke Nachfrage vorhanden war. Bei den in neuerer Zeit in einigen Gegenden Deutschlands mit so viel materiellen Erfolgen begonnenen Zusammenlegungen der Grundstücke war es nicht zu vermeiden, daß der Wald auch hier als Stiefkind behandelt ward, wenn nicht der durch diese Maßregel bezweckte Nutzen wesentlich beschränkt werden sollte. Selten ist da, wo ein Stück Holzland niedergeschlagen wurde, um mehr Einheit in die Verwaltung zu bringen, dafür an anderer Stelle Holz angepflanzt worden, wenn auch eine Bodenklasse vorhanden gewesen wäre, für die sich das Anpflanzen von Holz am meisten geeignet hätte. Andererseits, wenn auch nur in vereinzelten Fällen, bemächtigte sich jene berüchtigte Speculation, die die Volksmeinung mit dem Namen „des Güterschlachtens" verpönt hat, des augenblicklichen Gewinnes, der aus der Ausrodung eines zu einem Gute gehörigen Holzstückes hervorging, wobei gewöhnlich ganz außer Acht gelassen wurde, ob die Beschaffenheit des Bodens dies Verfahren gerechtfertigt erscheinen ließ.

Dies sind im Allgemeinen die hauptsächlichsten Ursachen der Verminderung der Wälder. Es wird ein Hauptzweck dieser Arbeit sein, zu untersuchen, ob man mit diesen Ausrodungen den Mittelweg überschritten habe, oder ob ohne Gefahr für die Volkswohlfahrt eine noch größere Verminderung der Waldungen eintreten könne. Zu diesem Zwecke dürfte es sehr nothwendig sein, zu erforschen, in welchem Zustande sich die übrig gebliebenen Waldungen befinden.

Vergleicht man jene frühere Zeit mit der unsrigen, so läßt sich unmöglich ein besserer Zustand der damaligen Forsten denken, als der unsrer heutigen Wälder. Der sehr bedeutende Wildstand mußte dem Walde unbedingt zum Schaden gereichen. Die Landwirthschaft holte ihren Bedarf an Streu und Futter zum großen Theile aus dem Walde und nahm ihm dadurch seine natürlichen Düngungsmittel. Gleichwohl scheint man dies damals für so nothwendig angesehen zu haben, daß daraus Rechtsverhältnisse, Servituten, entstanden sind, deren Ablösung erst in neuester Zeit angebahnt worden ist. Auf der anderen Seite konnte es bei den ziemlich ungeordneten polizeilichen Zuständen jener Zeit nicht fehlen, daß communistische Ansichten über den Gebrauch des Holzes in den Wäldern sich geltend machten, und in viel höherem Grade praktisch ausgeführt wurden, als jetzt, wo ungeachtet unsrer gut organisirten Polizei, unsrer Gensdarmerie, unsrer Flurwächter und Flurschützen gleiche Uebertretungen noch an der Tagesordnung sind. Die damals erlassenen Gesetze bestätigen diese Ansicht vollkommen, mindestens beweisen die in allen deutschen Staaten erlassenen, zahlreichen Verordnungen, daß die Regierungen mit dem Zustande der Forsten sich zu keiner Zeit zufrieden erklären konnten.

Mit dem Wegfalle der Servituten mußte sich auch der Zustand der Forsten verbessern. Für einen großen Theil der Wälder fiel später gleichfalls ein Hauptfactor des schlechten Zustandes, Unkenntniß mit der Pflege und Behandlung der Forsten, hinweg, seitdem man anfing die Forstwirthschaft rationell zu betreiben. Die Forstacademien trugen hierzu sehr viel bei, und kann es als ein außerordentlicher Gewinn für den Zustand der Staatsforsten angesehen werden, daß die Pflege derselben nur solchen Männern übergeben ward, die mit den nöthigen Kenntnissen ausgerüstet und praktisch vorgebildet waren. Zum Theil erhielten auch die Waldungen der Corporationen, z. B. der Universitäten, Schulen, Klöster, ebenfalls tüchtige Förster, wie auch die Waldungen der größeren Rittergüter theilweise von theoretisch und praktisch gebildeten Forstleuten verwaltet wurden.

Anders ist dies aber bei den Privatwäldern, und namentlich bei den bäuerlichen Gütern. Bis auf wenige rühmliche Ausnahmen ist hier noch sehr viel zu thun, wenn man die bestbestandenen Staatsforsten als Muster aufstellt. Es sind hier vorzüglich zwei Umstände thätig, von denen der eine aus dem anderen hervorgeht. Der erste und vorzüglichste Grund war und ist heute noch Unkenntniß mit dem rationellen Waldbau. Dem, der größere Strecken Deutschlands — wir könnten fast sagen, gleichviel ob im Osten oder im Westen, im Süden oder im Norden — bereist, zeigen sich nicht selten Wälder mit gedrückten, kurzen Stammformen, mit verstruppten oder abgestumpften Gipfeln und Zweigen, oft mit Flechten übersäet. Dünner, lückenhafter Stand, dürftige Belaubung, kurzer, krankhafter Bodenüberzug von Moos, schlechtem, borstigem Grase, oder schwärzlicher Heide verrathen nur zu deutlich, wie wenig der Wald gepflegt worden ist. Die jährlich erfolgten geringen Höhentriebe, die geringe Stärke der Jahresringe, verkümmerte Nebentriebe, bleiche kleine Blätter sind sprechende Beweise, wie sehr der Wald vernachlässigt wird. Ebenso lassen äußerlich schon an manchen Stämmen Schwämme, ausgebeuchte Wurzelwinkel, hohle Aststellen, knollige, frostrissige Stammenden die Krankheit, oft die im Inneren vorhandene Fäulniß erkennen. Kommen dann noch lückenvolle Bestände, die gewöhnlich nie fehlenden Blößen, hinzu, so giebt dies ein Bild, für das der Name Wald ein wahrer Spott ist. Auf dem einen Grundstücke stehen dagegen die Bäume zu dick, auf dem anderen zu dünn. Hier wird den jugendlich schwachen Nachwüchsen der schirmende Oberstand entzogen; dort wird eine Wasserfurche mitten von einem höher gelegenen Felde in den am Abhange stehenden jungen Nachwuchs ohne weitere Vorkehrung hineingeleitet. Selten geschieht der Schlag zur rechten Zeit und mit der nöthigen Vorsicht; häufig wird nicht gefragt, ob diese Holzart auch die dem Boden angemessenste sei. Nicht selten ist der Landmann mit den Merkmalen des Auftretens der schädlichen Forstinsecten unbekannt; gegen das schädliche Unkraut, gegen Frost, Hitze, Wind, Schnee, gegen Mäuseschaden werden gewöhnlich keine Maßregeln getroffen.

Der zweite Hauptgrund ist die scheinbar geringe Rentabilität des Waldes. Ein schlechter Wald kann natürlich keinen hohen Ertrag geben, und die Folge ist, daß der Landmann Lust und Liebe zu dem anscheinend wenig lohnenden Waldbau verliert. Dann tritt um so häufiger das Bestreben ein, den Wald, wenn irgend möglich, in Feld umzusetzen, selbst auch dann, wenn sich der Boden keineswegs dazu eignet. Die ersten Ernten fallen gewöhnlich nicht so schlecht aus, bald ist aber der Boden durch die zu große Anforderung entkräftet und vermag selbst bei der kräftigsten Düngung nur wenige armselige Aehren zu erzeugen. Deshalb zeigt sich auch der Landwirth gegen den Bestand der Wälder meistens ganz gleichgiltig. Es ist eine gewiß lobenswerthe Sitte, daß der Landmann den ihn besuchenden Freunden und Verwandten seinen Viehbestand, dann seine Felder und Wiesen zeigt. Er ist stolz darauf, daß seine Saaten üppig stehen und erwähnt mit edler Freude, daß er selbst einem geringeren Boden auf diese oder jene Weise eine reichliche Ernte abgewonnen habe. Bis auf den Wald wird diese Inspectionsreise selten ausgedehnt, oft wird nur die Grenze des Besitzthums angedeutet, und nur hier und da werden einige starke Stämme einer besondern Beachtung gewürdigt. — In anderer Hinsicht würde es den Landmann mit Recht empören, wenn Jemand durch das hochgewachsene Gras einer Wiese oder durch ein Klee- oder Saatfeld ginge und muthwillig die Früchte seines Fleißes zertreten würde: daß aber die Knaben des Dorfes sich die schönsten Stämmchen als Stöcke, die schönsten Triebe als Ruthen mit einem dem kindlichen Alter sonst fremden Schönheitssinne abschneiden, um sie nach fünf Minuten zerbrochen wieder wegzuwerfen, dies erregt kein Aufsehen; es sind ja noch genug im Walde. Häufig nimmt man sich dann auch nicht die Mühe, die vorhandenen Blößen anzupflanzen; denn wenn der ganze Wald, meint man, so wenig einbringt, so wird diese kleine Strecke ihrem Ertrage nach kaum zu berechnen sein.

Man möge dem Verfasser verzeihen, wenn er hier ein Bild, wie es in der Wirklichkeit vorkommt, ohne Schonung und ohne Hehl mit den grellsten Farben zu schildern versucht hat. Es giebt im deutschen Vaterlande manchen schönen Privatwald, selten aber einen, der nicht wenigstens einen der erwähnten Mängel zeigte.

Es leuchtet ein, daß ein gut bestandener Wald andere Resultate ergeben wird, als eine andere gleiche Holzfläche, die, nur dürftig bewachsen, schon durch ihr Aeußeres den Mangel eines frischen, kräftigen Zustandes zu erkennen giebt. Sowie nicht darauf hingewiesen zu werden braucht, daß der Holzertrag einer bestimmten, gut bestandenen Waldfläche größer ist, als der einer verwüsteten, so ist es von selbst verständlich, daß, wenn der Wald Einfluß auf die Witterungsverhältnisse haben sollte, ein geschlossener, kräftiger Forst andere Wirkungen erzeugen wird, als ein anderer gleichgroßer, der sein kränkliches Dasein nur fristet. Vergleichen wir zwei Gegenden, die eine mit 20 Procent Waldland, dessen Bestand aber ein durchgängig guter ist, die andere dagegen mit 30 Procent durchschnittlich verwüstetem, dünn- und schwachbestandenem Holzlande, so wird möglicher Weise die erste Waldfläche nicht nur jährlich mehr Holz produciren, sondern, wenn der Wald auch auf das Klima einen Einfluß haben sollte, von entschiedenerem und wirksamerem Einflusse sein, als die zweite. Dünn- und schlechtbestandene Waldflächen werden daher, nur in geringerem Grade, dieselben Nachtheile herbeiführen, als wenn derselbe Wald gerodet, also gar nicht mehr vorhanden wäre.

II.
Die Regulirung der Temperatur.

Im gewöhnlichen Leben ist man nur zu leicht geneigt, den Nutzen des Waldes nur nach der Summe zu berechnen, die er Jahr aus Jahr ein in klingendem Gelde abwirft, und geht man sogar bei der Ermittlung des Werthes fast einzig und allein von dem durchschnittlichen Holzertrage aus. Daß der Käufer des Grund und Bodens so rechnet, und weitere vorhandene Wirkungen nicht in Anschlag bringen lassen will, wer wollte es ihm verdenken? Er nimmt zunächst nur auf den Nutzen Rücksicht, der ihm allein für die nächste Zukunft erwächst. Wer nicht gerade nach dieser Richtung hin besonders interessirt zu sein braucht, betrachtet den Wald auch von einer anderen, von der ethischen Seite. Dem sinnigen Gemüthe wird das schützende, grüne Blätterdach zu einem Stück lebensfrischer, unentweihter Natur, und mit dem Verschwinden desselben beklagt man, daß wiederum dem modernen Zeitgeiste und dessen unbarmherzigen Forderungen die Heimath der gefiederten Sänger, des leichtfüßigen Rehs, der schwirrenden und summenden Insectenwelt, der murmelnden Quelle, kurz ein trauliches Plätzchen mehr zum Opfer gefallen sei. An die großartige Wirkung, welche der Wald in klimatischer Beziehung auszuüben bestimmt ist, denken die Wenigsten, und doch wirkt gerade hier ein Eingriff in die festgeschlossene Kette der Wechselwirkungen in der Natur am verhängnißvollsten.

Der Wald nützt nicht nur, wenn die Axt des Holzhauers ihn gefällt oder Stürme seine himmelanstrebenden Säulen zu Boden geworfen, nein, er wirkt und nützt auch, so lange er die Flächen und Höhen eines Landes als lebendig frischer, grüner Wald bedeckt, und vielleicht würde sich für seine letztern Functionen ein weit höherer Werth ergeben, wenn es nur irgend möglich wäre, die einzelnen Wirkungen in greifbaren Zahlen auszudrücken.

Voran ist der Einfluß der Waldungen auf die Temperatur eines Landes zu stellen. Die jährliche, durchschnittliche Wärme eines größeren Landstriches ist abhängig von dem höhern oder niederen Stand der Sonne, den wir so ziemlich durch den Ausdruck geographische Breite bezeichnen, von der Erhebung des Bodens über die Meeresfläche, von der Nähe des Meeres oder ausgedehnter Gewässer, von den vorherrschenden Winden, der Beschaffenheit des Bodens und mehreren anderen Einflüssen. Die vorhandenen Waldungen greifen hierbei wesentlich mit ein. Man behauptet zwar gewöhnlich, die Wälder verminderten die durchschnittliche Temperatur eines Landes, und im Allgemeinen wird dies nicht abgeleugnet werden können; man möchte aber vielleicht der Wahrheit näher kommen, wenn man den Satz so faßte: „Die Wälder reguliren die Temperatur eines Landes, d. h. sie wirken den Extremen der Hitze und Kälte entgegen."

Ihre Wirkung ist dabei nicht nur den Jahreszeiten nach, sondern auch bei Tag und Nacht eine verschiedene. Im Sommer ist ein von Pflanzen entblößter Boden den Einwirkungen der Sonnenstrahlen vielmehr ausgesetzt, als eine mit Pflanzen bedeckte Fläche. Der Boden einer Wiese, eines mit Getreide bewachsenen Feldes wird schon nicht so bedeutend erhitzt, wie eine dürre Sandfläche; in viel höherem Grade wird aber eine dichte Laubdecke die Einwirkung der Sonnenstrahlen abhalten können. Werden auch die höchsten Theile eines Baumes erwärmt, so steigt die wärmere Luft der größeren, durch die Ausdehnung bewirkten Leichtigkeit wegen in die Höhe, die untere bleibt kühler. Dazu kommt noch, daß das Laubdach seiner dunkeln Farbe wegen nur wenig Zurückstrahlung gestattet. Daher die Erscheinung, daß im Sommer während eines sonnenhellen Tages das Therometer in den Wäldern tiefer steht, als im Freien an schattigen Orten. Dabei kann es nicht fehlen, daß, da die Waldungen gewöhnlich die Höhen eines Landes einnehmen, diese kältere Luft am Boden hinstreichend aus dem Walde heraustritt nach dem bekannten Ge=

setze, daß die kältere Luft nach den luftverdünnten, wärmeren Stellen hinströmt. Auf diese Weise wird der Wald, wenn auch nicht viel, doch Etwas zur Abkühlung der ganzen Gegend beitragen. — In anderer Hinsicht besitzen die Bäume ihrer großen Blättermasse wegen mehr, als alle anderen Pflanzen, die Fähigkeit, Wasser auszudampfen. Durch jede Verdunstung wird aber Wärme gebunden, und dadurch wird eine Abkühlung der umgebenden Luftschichten herbeigeführt. Sind die Wälder in sehr bedeutendem Umfange vorhanden, so werden sie allerdings, zumal wenn sie eine erhebliche Meereshöhe besitzen, zur Abkühlung während des Tages mehr beitragen, als wünschenswerth wäre. Dann würden die erwärmten Orte fehlen, und beide Temperaturen könnten sich nach und nach nicht ausgleichen. Doch betrachten wir unsere Verhältnisse in Deutschland, so finden wir durchschnittlich 25 Procent der Oberfläche mit Wald bestanden. Hier sind also 75 Procent mehr oder weniger der directen Einwirkung der Sonnenstrahlen ausgesetzt, und nur der vierte Theil der Oberfläche wirkt abkühlend.

Mit Sonnenuntergang ändert sich jedoch das Verhältniß. Betrachten wir zuerst als Extrem den alles Pflanzenwuchses beraubten Boden, so strahlt dieser bei Nacht den größten Theil der am Tage erhaltenen Wärme wieder aus. Dieselbe Ausstrahlung, jedoch schon in weit geringerem Grade, findet bei den Grasflächen, den Wiesen und Saaten statt, weil die Pflanzen den Boden bedecken und die ausstrahlende Wärme zurückhalten. Sehr gering aber im Vergleiche mit einer unbepflanzten Fläche ist die Ausstrahlung des Waldes. Das dichte Blätterwerk bildet einen Schirm über dem Boden und wirkt, wenn es erlaubt ist, einen etwas trivialen Vergleich anzustellen, auf dieselbe Weise, wie ein dünnes, hängendes Tuch oder Gewebe die strahlende Wärme eines heißen Ofens zurückhält. Da nun im Freien durch die Ausstrahlung dem Boden mehr Wärme verloren geht, so wird bald eine Zeit eintreten, wo die Temperatur Beider gleich ist; bald wird dann aber auch der Wärmegrad im Freien unter den des Waldes sinken. Jetzt tritt das umgekehrte Verhältniß ein. Derselbe Wald, der früher abkühlend wirkte, erwärmt jetzt die Gegend. Die im Freien kältere Luft strömt nach der durch die Wärme mehr verdünnten Waldluft zu, und bewirkt, indem diese nach und nach mehr verdrängt wird, eine allmälige Ausgleichung, bis die am Morgen erscheinende Sonne den Kreislauf von Neuem einleitet.

Dasselbe, was im Sommer im Laufe eines Tages geschieht, findet auf dieselbe Weise mit denselben Abwechselungen, nur andauernder, im Herbste und Frühlinge Statt. Im Herbste bleibt der Wald länger warm, als die ihrer schützenden Decke durch die Ernte beraubten Felder und Wiesen. Jetzt holt auch der Nadelwald das nach, was er im Sommer seiner spitzen Blattformen, seiner Nadeln wegen nicht vollkommen leisten konnte. Denn während der Laubwald seine Blätter verliert, dauern die Nadeln auch den Winter hindurch und lassen die Ausstrahlung langsamer von Statten gehen. Auch hier wird der Wald nach denselben Gesetzen die Umgebung erwärmen und das Hereinbrechen der Winterkälte so weit als möglich hinausschieben oder diese mildern. Im Frühlinge ist es dagegen umgekehrt. Hier hindert der Wald, weil ihn die Sonnenstrahlen nicht so bald durchdringen, die vollständige Wirkung der wärmenden Sonnenstrahlen, und die bekannte Erscheinung, daß der Schnee in den Wäldern länger liegen bleibt, erklärt sich dadurch vollkommen. Einigermaßen nur werden wir dadurch dafür schadlos gehalten, daß die Gipfel der Bäume, vorzüglich die der Nadelhölzer und solcher, die im Frühlinge zeitig Blätter ansetzen, ebenso von den Sonnenstrahlen, wie die Gegenstände im Freien erwärmt werden. Die wärmeren Lufttheilchen werden ihrer Leichtigkeit wegen nach oben getragen und tragen auf diese Weise auch zur Erwärmung des Luftkreises außerhalb des Waldes bei, obgleich dieser seine Kühle längere Zeit behält.

Im Winter endlich ist kein Grund vorhanden, warum der Wald erwärmend oder erkältend auf seine Umgebung einwirken sollte. Die ihrer Blätter beraubten Stämme hindern das Eindringen der Sonnenstrahlen nur wenig, und wo Nadelholz vorhanden ist, gleicht sich dies wieder dadurch aus, daß die Ausstrahlung des Bodens mehr zurückgehalten wird. Daß man im Winter die Waldluft gewöhnlich für kälter hält, als die Luft im Freien, beruht auf einem Irrthume, vielleicht, da die Ansicht fast allgemein verbreitet ist, auf einem falschen Rückschlusse auf die kühlere Temperatur, die der Wald an warmen Sommertagen besitzt.

Sowie also hier nachgewiesen worden ist, daß eine verhältnißmäßig vertheilte Waldfläche die Temperatur ihrer Gegend regulirt, so kann dasselbe von dem Einflusse der Wälder auf die erwärmenden oder erkältenden Winde gesagt werden. In der Regel sind bei uns die nördlichen Winde, die aus Nordwest, Norden, Nordost als die kälteren, die aus Süden, Südost, Südwest und West als die wärmeren anzusehen. Die Luftströmungen brechen sich an den Wäldern, werden in ihrer Geschwindigkeit gehemmt, verlieren dadurch ihre Heftigkeit und gewinnen so Zeit, mehr und mehr die Temperatur der Gegend, in der sie wehen, anzunehmen. Ein warmer Südwind wird demnach von dem kühlen Walde aufgehalten und dadurch abgekühlt werden; derselbe Wald wird aber auch zu anderer Zeit den kälteren Nordwind nach denselben Gesetzen erwärmen. Für einen bestimmten Ort wird es allerdings von wesentlichem Unterschiede sein, ob er nördlich oder südlich von einem großen Walde liegt, die mittlere jährliche Temperatur eines Landes wird dadurch aber vielleicht gar keinen Unterschied erhalten, wenn nicht locale Einflüsse die eine Windrichtung zur vorherrschenden machen. So hat z. B. Böhmen eine durchschnittliche Temperatur von 9,5° Celsius, während die von Sachsen auf 7,2° geschätzt wird. Einen so großen Unterschied kann aber die höhere geographische Breite Sachsens allein nicht geben, vielmehr liegt der Grund darin, daß Sachsens Hauptwaldungen im Süden des Landes liegen und durch ihre bedeutende Meereshöhe die wärmeren Südwinde nicht nur am Vordringen hindern, sondern auch abkühlen. Die anderen Windrichtungen können wir hier von der Betrachtung ausschließen, weil sie aus bekannten Gründen auf die Temperatur weniger Einfluß haben. Im Allgemeinen werden die wärmeren Westwinde das Schicksal der südlichen, die kälteren Ostwinde das der nördlichen theilen, so weit dies von den Waldungen abhängt.

Vergleichen wir damit die geschichtlichen Erfahrungen, so hat Deutschland der Art, welche seine unermeßlichen Waldungen lichtete, außerordentlich viel zu danken, vor Allem die Milde seines Klima's. In den Wäldern, in welchen Hermann, der Cheruöker, die römische Oberherrschaft durch die Teutoburger Schlacht brach, wechselten Sümpfe und kleinere Seen mit einander ab. Nur hier und da waren dem Ackerbau größere Lichtungen geschaffen worden, die, sobald sie nicht regelmäßig bebaut wurden, sich schnell mit dürftiger Haide oder mit Sumpfgräsern überzogen. Am Rheine trieb man um Christi Geburt regelmäßig nur Sommerbau, nicht weil der Winter zu kalt war, sondern weil der Frühling mit seinen kalten Nachtfrösten der aufkeimenden Saat in dem feuchten Boden schadete. Doch was für den einen Fall zweckentsprechend ist, bleibt es nicht für immer, da sich die Anwendung desselben Mittels jederzeit darnach richtet, ob die gleichen Vorbedingungen vorhanden sind. So lange der deutsche Boden überwiegend mit Wald bedeckt war, mußte den Sonnenstrahlen Gelegenheit gegeben werden, den feuchten Boden zu erwärmen und durch Abwechselung von Wald und Feld jene Regulirung der Temperatur zu schaffen, die soeben geschildert worden ist. Heut zu Tage sind wir bereits auf dem besten Wege, jenen Minimalsatz angemessenster Bewaldung zu überschreiten. Die Folge davon wird und muß sein, daß unsere Sommer heißer, die Winter dagegen strenger werden, und die Extreme in der Temperaturveränderung plötzlicher als früher eintreten. Wir glauben kaum annehmen zu dürfen, daß die durchschnittliche Jahrestemperatur eines Landes, das plötzlich des größten Theils seiner Forsten beraubt würde, bedeutende Differenzen in der Jahrestemperatur aufweisen dürfte, und doch könnten in den einzelnen Jahreszeiten wesentliche Unterschiede sich bemerkbar machen. Dem strengen Winter folgt ein heißerer Sommer, dem wärmeren Tage eine kühlere Nacht, trotzdem daß die gezogene Durchschnittsbilanz die früheren Wärmegrade auffinden läßt.

Aus den Berichten der Römer, eines Cäsar, Tacitus, geht auch hervor, daß Deutschland, als es noch fast durchaus mit Wäldern bedeckt war, ein viel kälteres Klima gehabt habe, und es ist eine fast durchgängig verbreitete Ansicht, daß unsere jetzige höhere Jahrestemperatur der Ausrodung des größten Theiles der Wälder zu verdanken sei. Der Verfasser ist nicht geneigt, dies zu bestreiten, zumal da mit dem Verschwinden der Wälder auch eine nicht unbedeutende Verminderung der atmosphärischen Feuchtigkeit eingetreten und dadurch eine Ursache der geringeren Wärme weggefallen ist: doch ist es noch sehr die Frage, ob Deutschlands Winter durchschnittlich strenger gewesen sind und ob seine Sommernächte durchschnittlich eine so große Temperaturerniedrigung zu erfahren hatten, wie wir sie ungeachtet der höheren Sommer- und Tageswärme heut zu Tage beobachten. Uebrigens darf man auf das Urtheil eines Cäsar und Tacitus, das begreiflicher Weise ganz subjectiv war, kein allzu großes Gewicht legen. Beide waren an das milde Klima Italiens gewöhnt, Beide hatten zuvor südlichere Länder kennen gelernt und mußten dann natürlich unser Deutschland als ein kaltes, unwirthbares Land bezeichnen. Noch heute erfreut sich unser Vaterland trotz des Verschwindens eines großen Theils der früheren Waldungen keines besseren Urtheils von Seiten der Italiener. Nicht günstiger wird der Deutsche über Rußland urtheilen, wenn er in dies Land kommt, während dessen Bewohner sein Vaterland ein Paradies nennt, sobald ihm seines Kaisers Befehl einen unfreiwilligen Aufenthalt in Sibirien zurtheilt. — Man hat ferner aus alten Chroniken nachweisen wollen, daß Deutschlands Winter früher viel strenger gewesen sein müßten, weil man dort aller Augenblicke lesen könnte, daß der Schnee so und so viel Wochen liegen geblieben, dieser oder jener Strom bei einer 3—4 Ellen dicken Eisdecke so und so viel Wochen lang zugefroren sei. Weit davon entfernt, die Angaben jener Chronikenschreiber in Zweifel zu ziehen, was auch schon von vielen Seiten geschehen ist, kann man wohl behaupten, daß dies Alles heut zu Tage noch bei uns geschieht, wenn wir nur einen gleichlangen Zeitraum vergleichen. Jene Geschichtschreiber schrieben nur außerordentliche Ereignisse auf, unterließen aber, Alles zu notiren, was ihnen seiner Gewöhnlichkeit wegen nicht merkwürdig vorkam. Einer alten Chronik*) entnehmen wir beispielsweise folgende Data:

Im Jahre 807 war ein sehr warmer Winter, wodurch eine Pest entstand, die über ein Jahr wüthete, und viele Menschen in Deutschland hinwegraffte.

1039 fror es fast gar nicht, es regnete vom October bis im April 1040.

1172 war ein so gelinder Winter, daß viele Vögel schon im Februar Junge ausbrüteten.

1178 war die Witterung Anfangs sehr mild; durch eintretende Kälte verdarben Wein und Früchte.

1186 war einer der merkwürdigsten Winter. Im December hatten Raben und andere Vögel Junge. Schon im Januar blühten Bäume, im Februar sah man schon Aepfel von der Größe wälscher Nüsse auf den Bäumen. Am Ende des Mai war Ernte. Im Anfange des August hatte man schon Most. Die Folge einer so ungewöhnlichen Witterung war aber wiederum die Pest.

---

*) Als Manuscript von Herrn Botaniker Heynhold in Dresden erhalten.

1225 blühten im December die Pfirsichbäume (doch nur in Süddeutschland).

1232 zählte man nur 16 etwas kalte Tage.

1286 blühten Bäume und Rosen im November und December. Am Weihnachten badeten sich die Kinder in Nieder-Sachsen in den Flüssen.

1289 ein warmer Winter ohne Schnee. Um Weihnachten grünten die Bäume. Im Februar gab es reife Erdbeeren; im April blühten die Weinstöcke. Zwar fiel im Mai Kälte ein, doch that diese keinen merklichen Schaden.

1328 blühten schon im Januar in Deutschland die Bäume, im April die Trauben, um Pfingsten war Ernte, um Jacobi war Alles wie im Herbste. Alle Gewächse gediehen gut und überflüssig.

Fernere gelinde Winter waren 1420, 1538, 1557, 1594 (in der Neujahrswoche blühten Veilchen, während es am Himmelfahrtstage schneite und Eiszapfen fror). 1619, 1624, 1629, 1722—1723 (an manchen Orten standen im Februar die Kirschbäume in voller Blüthe), 1795, 1796 u. s. w. — Es ist kaum nothwendig hinzuzufügen, daß diesen milden Wintern eine annähernd gleiche Anzahl kalter Jahre und vorwiegend naßkalter Sommer gegenüber steht.

Das einzig sichere und unfehlbare Mittel, die Wärme zu messen, ist ein gutgeprüftes Thermometer. Leider sind aber nur erst an wenig Theilen unseres Landes, und zwar erst seit kaum 50 Jahren genaue Beobachtungen angestellt worden, während die früheren uns keinen sicheren Schluß auf ihre Richtigkeit gestatten, da wir für die dabei gebrauchten Instrumente nicht einstehen können. Erst wenn möglichst viele Beobachtungen mehrere Jahrzehnte hindurch an den verschiedensten Orten eines Landes angestellt worden sind, wird man Erfahrungsschlüsse über die Temperatur eines Landes machen können, wenn dessen Wälder sich im Laufe dieser Zeit vermindert haben sollten. Dann müßte aber auch erst bestimmt nachgewiesen werden können, daß andere Ursachen, z. B. Verminderung der Feuchtigkeit durch Trockenlegung von Sümpfen u. s. w., nicht vorhanden waren.

III.

Regulirung der atmosphärischen Niederschläge.

Die atmosphärische Feuchtigkeit ist ein Product der Verdampfung der Pflanzen und Gewässer eines Landes und des Meeres, so bald die Wasserdämpfe des letzteren durch die Winde zu uns geführt werden. Die Luft kann, bis zu einem gewissen Grade erwärmt, nur eine bestimmte Menge Wasserdampf gebunden erhalten; wird die Temperatur erniedrigt, so schlägt sich der Wasserdampf in Gestalt von Thau, Regen, Schnee u. s. w. nieder. Steigt die Temperatur, so zerstreuen sich oft die Wolken, weil die Luft jetzt mehr Wasserdampf aufnehmen kann, ehe sie damit gesättigt ist. Deshalb regnet es auch in den Gebirgen mehr als in den Ebenen, weil die durch die größere Meereshöhe kältere Luft weniger Wasserdampf gebunden halten kann, als die wärmere Luft der tiefer gelegenen Orte.

Alle zu ihrem Wachsthum nöthigen festen Bestandtheile können die Pflanzen nur durch die Wurzeln und zwar dann auch nur im gelösten Zustande aufnehmen. Das allgemeinste Lösungsmittel ist das Wasser. Nun brauchen aber bestimmte Stoffe, denen wir in der Pflanzenwelt sehr häufig begegnen, z. B. Kalk, zu ihrer Lösung sehr viel Wasser. Der gewöhnlich zum Düngen der Felder verwandte Kalk (eine Verbindung von Kalkhydrat und kohlensaurem Kalk) braucht zu seiner Lösung bei gewöhnlicher Temperatur 779 Theile Wasser, der reine kohlensaure Kalk 10000 Theile Wasser; d. h. braucht eine Pflanze zu ihrem Wachsthum nur ein Quentchen Kalk, so muß sie beim Kalkhydrat 779 Quentchen Wasser, beim kohlensauren Kalk 10000 Quentchen Wasser durch ihre Wurzeln mit in sich aufnehmen.

Das Wasser athmen — es sei mir erlaubt, der Kürze wegen diesen Ausdruck zu gebrauchen — die Pflanzen durch ihre Blätter wieder aus, wenn man auch trotz vieler Versuche darüber noch nicht klar ist, ob die Pflanzen auch desto mehr Wasserdampf an die Atmosphäre zurückgeben, je mehr und je größere Blätter sie besitzen. Bei den Nadelbäumen hat man wenigstens nachgewiesen, daß die geringere Oberfläche der verdickten Blätter (Nadeln) die Wasserdampfausscheidung in derselben Menge erfolgen läßt, wie bei den eigentlichen Laubbäumen. Dieser Wasserdampf kehrt aber sehr bald als Thau, oder später als Regen zurück, um durch eine andere Pflanze denselben Weg zurückzulegen, oder mit ins Meer fortgeführt nach längerer Zeit wieder auf das Festland zurückzukehren. Dies ist der wunderbare und doch so einfache Kreislauf, den die Natur dem Wasser angewiesen hat.

Wie wichtig aber die atmosphärische Feuchtigkeit für das Bestehen der Pflanzen und Thiere sei, darauf braucht nicht erst aufmerksam gemacht zu werden. Es sei wenigstens in aller Kürze erwähnt, daß aber nur eine gewisse Mittelstufe, oder eine entsprechende Vertheilung für Pflanzen und Thiere die angemessenste ist. Im Allgemeinen vertragen die Pflanzen eine größere Menge von Feuchtigkeit, als Menschen und Thiere. An einer Quelle wächst und grünt Alles freudig, und selbst da, wo der schädlichen Ausdünstungen der Sümpfe wegen Menschen und Thiere nicht mehr gedeihen können, erfreuen sich die Pflanzen eines außerordentlichen Wachsthumes. Ein Uebermaß von Feuchtigkeit wird endlich aber auch für sie verderblich, dadurch schon allein, daß durch den Wasserdampf die zum Wachsthum nöthige Wärme vermindert wird. Dagegen vertragen Menschen und Thiere größere, mit Trockenheit verbundene Wärme. Es braucht wohl kaum darauf hingewiesen zu werden, daß bei trockenen, warmen Tagen das allgemeine Gesundheitsverhältniß besser ist, als zu einer feuchten, naßkalten Jahreszeit. Sollen sich also Alle, Pflanzen, Thiere und Menschen, eines ungestörten Wohlseins erfreuen, so wird ein gewisser Grad von Feuchtigkeit, verbunden mit der nöthigen Wärme, dem Bestehen Aller am ersprießlichsten sein.

Eine verhältnißmäßige Vertheilung der Waldungen wird diesen Anforderungen am Besten Gnüge leisten. Es braucht nach dem oben schon Gesagten nicht nochmals nachgewiesen zu werden, daß ein Baum seiner größeren Blättermasse wegen viel mehr Wasserdampf an die Atmosphäre zurückgeben wird, als eine Anzahl von Gräsern oder Feldfrüchten, die denselben Bodenplatz einnehmen, den der Baum zu seinem Wachsthum brauchen würde, wobei wir darauf aufmerksam machen, daß der Baum durch seine tief eindringenden Wurzeln Feuchtigkeit und Nahrungsstoff aus tiefer gelegenen Theilen entnimmt und dadurch in den meisten Fällen Gräsern und Moosen gestattet, sich rings um seinen Stamm anzusiedeln. Die Wasserverdampfung muß aus diesem Grunde allein schon fast das Doppelte der Verdampfung auf Feldern und Wiesen betragen. —

Nach Schleiden verdampft ein mittlerer Zwergbirnbaum in der heißen Jahreszeit während 12 Stunden 18 Pfund Wasser. Für nur 500 Bäume auf den Morgen würde dies in 12 Stunden 9000 Pfund Wasser oder 90 Centner betragen. Wie viel bedeutender muß hiernach die Ausdünstung unsrer Waldriesen sein, wenn ein Zwergbirnbaum schon so außerordentliche Quantitäten liefert. Aus diesen Gründen kann man einen Wald für das Feuchtigkeitsreservoir oder den Wasserdampfbehälter der Umgegend ansehen. Alle Hygrometer oder Feuchtigkeitsmesser nehmen in den Wäldern einen viel höheren Stand an, als im Freien.

Durch die vorhandene Feuchtigkeit wird Wärme gebunden, und dadurch die Umgebung kühler und unfähig gemacht, den Wasserdampf gebunden in der Luft zu erhalten; ein Umstand, der sich in den tropischen Wäldern am Orinoco so steigert, daß dort selbst bei Tage ein feiner Regen herabriefelt. Dies ist nichts Anderes als ein starker Thau, der bei uns erst des Nachts eintritt. Die Wälder werden demnach auch bei uns die Luft mit Wasserdampf sättigen, der sich des Nachts, wenn sich der Boden abgekühlt hat, als Thau niederschlägt. — Andererseits werden die Wälder auch durch ihre Masse mechanisch auf das Festhalten der Wasserdämpfe für eine Gegend wirken, indem sie die vorhandenen Dämpfe nicht so leicht von den Winden fortführen lassen, in anderer Hinsicht aber auch die von den Winden aus allen Gegenden herbeigeführten Feuchtigkeiten festhalten. Auf freiem Felde verdunstet das im Boden enthaltene Wasser durch unmittelbare Einwirkung der Sonnenstrahlen ziemlich rasch; eintretende Luftströmungen führen diese Dünste mit fort und schlagen sie an anderen Orten nieder. Findet in einem großen Lande überall eine gleiche Vertheilung des Waldes statt, so wird dies keinen Unterschied ergeben, weil da, wo der Wasserdampf einer Gegend fortgeführt worden ist, durch die vorhandenen Wälder die Ausdünstungen eines anderen Districtes festgehalten werden.

Und in der That ist es eine allgemein anerkannte Thatsache, daß Länder, in denen die Wälder durch Ausrodungen sehr beschränkt worden sind, an Trockenheit und Dürre leiden, daß die Tiefe der Bäche und Flüsse, das Niveau der stehenden Gewässer von Jahrhundert zu Jahrhundert mit der Abnahme der Waldungen sinkt. Andere Länder dagegen, die noch Ueberfluß an Waldungen haben, sind zu feucht, und deshalb der Gesundheit der Bewohner nachtheilig. Dies führt zu der weisen Lehre, daß ein gewisses Verhältniß in der Vertheilung von Wald und Feld die Bedingungen enthalte, die zur Wohlfahrt seiner Bewohner in Bezug auf Gesundheit und Fruchtbarkeit erforderlich sind.

Nachdem also nachgewiesen worden ist, daß die Wälder für ihre Gegend die atmosphärische Feuchtigkeit vermehren, würden wir zu untersuchen haben, ob die Waldungen Einfluß auf die jährliche Regenmenge haben. Hierüber sind die Meinungen sehr getheilt, und ein großer Theil der Naturforscher ist sogar geneigt, den Wäldern diese Fähigkeit ganz abzusprechen. Die Frage ist aber jedenfalls nicht richtig gestellt worden. Es kann nämlich möglich sein, daß in einem Lande, das in kurzer Zeit des größten Theils seiner Waldungen beraubt worden ist, im Verlaufe eines Jahres noch dieselbe Regenmenge wie bisher fällt, allein es kann in der Vertheilung ein sehr wesentlicher Unterschied herrschen. Während es früher öfter regnete, treten jetzt Zeiten anhaltender Dürre ein. Dann aber stürzt der Regen wieder in Strömen herab, reißt an Anhöhen den guten Boden mit fort, überschwemmt Felder und Wiesen und setzt die an Bächen und Flüssen Wohnenden in Lebensgefahr. Daß dies aber keineswegs für die Fruchtbarkeit ersprießlich ist, ist einleuchtend. Was würde man von einem Gärtner sagen, der seinen Blumen allemal am ersten Tage des Monats sämmtliches Wasser pränumerando gäbe und sie dann 30 Tage lang schmachten ließe? So kann auch hier möglicher Weise die Summe der Regenmenge bei der Zusammenrechnung in einzelnen Jahren ein größeres Quantum ergeben, der Landwirth würde aber jedenfalls wünschen, daß es öfter regnete, der Regen aber dafür nicht verheerend wirkte. Alle Diejenigen, welche bestreiten, daß die Häufigkeit des Regens sich nach den

Wäldern richte, widersprechen der Behauptung, daß kältere höhere Gebirgszüge dies vermöchten, keineswegs, indem sie recht wohl zugeben, daß die geringere Wärme dort den Wasserdampf als Regen oder Schnee niederschlage, sie wollen aber dabei die jene Höhen bedeckenden Waldungen keineswegs als mitwirkend auftreten lassen. Diese üben aber gerade den Haupteinfluß aus. Eine mit Wasserdampf gesättigte Luftschicht trifft als Wolke auf einen Wald, der an und für sich schon viel Wasserdampf enthält, und dessen Temperatur deshalb kühler, als die seiner Umgebung ist. Nichts ist natürlicher, als daß die Wolke einmal eine Erniedrigung der Temperatur, dann aber auch wieder eine Steigerung ihres Wassergehaltes erfährt, zwei Ursachen, von denen eine schon hinreicht, die Entladung der Wolke als Regen herbeizuführen. Dies thun aber nicht blos die Waldungen auf den Höhen, sondern auch, obgleich in geringerem Grade, die tiefer gelegenen Forsten. — Schon oben ist nachgewiesen worden, daß die Winde von den Forsten aufgehalten werden. Ueber eine von Wäldern entblößte Gegend führt ein schwacher Luftzug die schwebenden Wolken hinweg; ein oder mehrere selbst kleinere Wälder würden sie vielleicht aufhalten und zum Entladen nöthigen.

Doch auf welche Weise lassen sich dann jene heftigen Regengüsse erklären, die die Folgen einer unvernünftigen Waldausrodung sein sollen? Nun wohl! Versuchen wir es, auch diese zu erklären. Einem von Waldungen entblößten, aber sonst bebauten Lande von bedeutender Ausdehnung wird durch die Sonnenstrahlen fortwährend Feuchtigkeit durch die Ausdünstung entzogen. Winde führen einen Theil derselben mit fort, ein anderer Theil schlägt sich der Nachts wieder als Thau nieder. Nach langer Zeit wird endlich durch die fortwährende Ausdünstung, vielleicht auch durch in der Nähe befindliche größere Gewässer eine so große Menge von Wasserdampf erzeugt, daß die gerade bestehende Luftwärme dieselbe kaum noch gebunden halten kann. Jetzt bedarf es nur einer schnellen Abkühlung der Luft, die durch Gewitter, Aenderung der Windrichtung und locale Einflüsse recht leicht herbeigeführt werden kann. Die kältere Luft vermag diese Wassermenge nicht mehr zu tragen, und je plötzlicher die Abkühlung erfolgte, desto heftiger stürzt der Regen herab. Andere haben zur Erklärung dieser Erscheinung auch magnetische Einflüsse — um von anderen geradezu lächerlichen Gründen nicht zu reden — mitwirken lassen wollen.

Dafür spricht indeß kein anderer Grund, als daß man diese Behauptung nicht widerlegen kann. Die Erscheinung läßt sich recht gut ohne Magnetismus erklären, der ja so häufig zu Hilfe gezogen wird, wo man mit anderen Gründen nicht weiter zu kommen glaubt. — Die häufigen Ueberschwemmungen in solchen Ländern, die von Wäldern geradezu entblößt sind, ließen sich allein schon durch die außerordentlichen Regengüsse erklären; es kommt aber noch eine indirecte Wirkung des Waldes dazu. Bei den regelmäßigen Frühjahrsüberschwemmungen, zumal bei plötzlichem Thauwetter, ist es von Wichtigkeit, ob große Waldungen das plötzliche Schmelzen des Schnees hindern, oder nicht. Im Frühjahre wurde der Wald langsamer erwärmt als das Feld, und dies schien ein Nachtheil zu sein. Dieser verschwindet aber ganz und gar gegen den großen Nutzen, den der Wald bei den Frühjahrsüberschwemmungen dadurch leistet, daß er das zu schnelle Schmelzen des Schnees verhindert. Auf diese Weise findet das Wasser Zeit, in die Erde zu sickern, um, als Quelle später wieder hervorgekommen, im Sommer noch Bäche, Flüsse und Ströme auf einem mittleren Niveau zu erhalten. — Ebenso setzen bei heftigen Regengüssen die Wälder dem Regen selbst einen Damm entgegen. Das Blätterdach des Waldes läßt nur wenige Tropfen als solche zur Erde fallen, die meisten zerschellen und zertheilen sich, und ein großer Theil derselben löst sich wieder in Dampf auf, ehe er die Erde erreicht. Am Boden aber setzen die Stämme und das Strauchwerk dem Wasser einen Damm entgegen und brechen seine Gewalt; besonders ist es aber das Moos, das wie ein Schwamm das Wasser einsaugt und in die Erde leitet. Man vergleiche nach einem heftigen Gewitterregen zwei gleich steile Abhänge, von denen der eine kahl, der andere dicht mit Moos bewachsen ist. Während bei jenem das Wasser ungehindert von allen Seiten herabstürzt, um sich unten als rauschender Bach zu vereinigen, Furchen in die Saatfelder zu reißen, Wiesen zu überschlämmen, wird man bei diesem kaum mehr als einige kleine rieselnde Wasserrinnen bemerken, die ganz unschädlich verlaufen. Das meiste Wasser leitet das Moos an seinen vielen Wurzeln in die Erde hinein, und deswegen sind die Wälder die Heimath der meisten Quellen.

Vergleicht man nun die gefundenen Resultate mit den gemachten Erfahrungen, so findet man sie in der That bestätigt, und es sei hier gestattet, der vorgekommenen Streitigkeiten wegen diesen Gegenstand hinreichend zu erschöpfen und zur Unterstützung dieser Ansicht möglichst viele Beispiele beizubringen.

Bei uns in Deutschland sind glücklicher Weise die Waldungen noch nicht so weit verschwunden, daß wir bei uns selbst traurige Erfahrungen von solcher Bedeutung hätten machen können. Allein gehen wir in andere Länder, deren Wäldermasse zu der Oberfläche in einem weit niedrigerem Verhältnisse als bei uns steht, so finden wir, daß dort über anhaltende Dürre und plötzliche Ueberschwemmungen, also auch hier über die Extreme geklagt wird. Diese Länder sind das südliche Frankreich, Spanien, Italien, Griechenland, theilweise auch England. Die häufigen Ueberschwemmungen dieser Länder sind aus den Zeitungsnachrichten in Aller Andenken, und mit richtiger Erkenntniß der obwaltenden Umstände gab auch die Pariser Academie die geringe Bewaldung als die Ursache an. Weniger bekannt dürfte es sein, daß diese Länder, trotzdem, daß sie fast rings vom Meere, dieser nie versiegenden Hauptquelle der Feuchtigkeit, umgeben sind, oft an Dürre zu leiden haben, so daß ganze Bezirke selbst mit gutem Ackerboden unfruchtbar geworden sind.

Schon 1836 sagt Rivière*): „Als der District le Bocage in der Vendée noch bewaldet war, litten Felder und Wege an Ueberfluß von Wasser. Seit 1808 entstand eine fast allgemeine Entwaldung, und seit dieser Zeit entbehren die Aecker oft des wohlthätigen Regens, und Quellen und Brunnen geben nur sparsam Wasser."

Vor 1821 besaß die Provence einen Reichthum an Quellen und Bächen. 1822 erfroren sämmtliche Oelbäume, die in solcher Menge angepflanzt waren, daß sie förmliche Wälder bildeten, und es entstand die Nothwendigkeit, sie umzuhauen. Seit dieser Zeit versiegten die Quellen und der Ackerbau ward schwierig.

In Cairo in Unterägypten regnete es früher sehr selten, nur in 3—4 Jahren einmal. Seitdem aber der Pascha 20—30 Mill. Bäume hat anpflanzen lassen, zählt man dort 30—40 Regentage jährlich. Umgekehrt ist es in Oberägypten. Bis zum Anfange dieses Jahrhunderts regnete es dort nicht gerade sehr häufig, der Regen war jedoch auch keine Seltenheit. Seitdem aber die die,

---

*) Compt. rend. pag. 358.

Höhen bedeckenden Dattelpalmen umgehauen worden sind, regnet es fast gar nicht mehr, und in Folge dessen sind Felder und Wiesen vertrocknet.

Als ein Beweis für das Gegentheil sind hier einzelne Strecken von England anzuführen, das zwar fast vollkommen seiner Waldungen beraubt ist und in Folge dessen auch an unfruchtbarem Boden mehr als Ueberfluß hat, in einzelnen Districten aber doch außerordentlich fruchtbar ist. Hier wirken bei der Nähe des Meeres zwei Ursachen. Einmal ist es in England Sitte, die Grundstücke und Felder mit lebendigen Hecken und Zäunen zu umgeben (etwas, das dem Lande einen ungemein lieblichen Anblick giebt), andererseits düngt auch der intelligente englische Landwirth seinen Acker besser, als vielleicht alle anderen Nationen und macht ihn so fähiger, die Feuchtigkeit unmittelbar aus der Luft aufzusaugen. Beides sind Fingerzeige für uns, bei denen wir jedoch nicht vergessen dürfen, daß nur die Nähe des Meeres es erlaubte, daß der fehlende Wald einiger Maßen durch diese Maßregeln ersetzt werden konnte.

Ausgezeichnete und schlagende Thatsachen führt Boussingault*) aus Amerika an. Der Verfasser trägt um so weniger Bedenken, diese hier etwas ausführlicher mitzutheilen, weil diese Angaben wirklich schlagend beweisen, daß die Wälder die atmosphärischen Niederschläge und den Lauf der Flüsse, sowie das Niveau der stehenden Gewässer reguliren. Boussingault sammelte diese Beobachtungen an Seen, die keinen Abfluß hatten, und deren Steigen und Sinken sich genau während einer langen Reihe von Jahren nach der Größe und Ausdehnung der in ihrer Nähe gelegenen Waldungen richtete.

In Venezuela liegt das rings von Bergen umgebene fruchtbare Thal Aragua. Als Humboldt im Jahre 1800 dieses Thal besuchte, hatten die Einwohner mit Erstaunen seit mehr als 30 Jahren eine immer größere Abnahme ihres in der Mitte des Thales gelegenen Sees bemerkt, der noch größer, als der See von Neuchatel angegeben wird. Im Jahre 1555 hatte Oviedo bestimmt aufgezeichnet, daß Neu-Valencia (Nueva Valencia) nur eine halbe Stunde vom See entfernt liege. Humboldt fand dafür 1800 eine Entfernung von $1\frac{1}{2}$ Stunde. Doch auch an anderen Merkmalen zeigte sich das Zurücktreten des Sees ganz deutlich. Kleine, vom See entfernt liegende Hügel trugen jetzt noch den Namen von Inseln, den sie früher mit Recht geführt hatten; die sie umgebenden Ländereien waren außerordentlich fruchtbar. Schon 1796, vier Jahre vor Humboldt's Ankunft, waren neue Inseln erschienen, und eine kleine Festung, die früher Insel war, war zur Halbinsel gewor-

---

*) Annal. de chim. et de phys. tom. 64.

den. Alle Einwohner nahmen damals einen unterirdischen Ausfluß nach dem Meere an. Humboldt fand diese Annahme aber nirgends bestätigt und erkannte den Grund sehr bald, nachdem er erfahren, daß seit den letzten 30 Jahren ein großer Theil der das Thal begrenzenden Wälder niedergeschlagen worden sei. — 20 Jahre darauf besuchte Boussingault das Thal. Jetzt war die Besorgniß der Bewohner eine andere geworden. Das Wasser hatte nicht nur aufgehört, sich zu vermindern, sondern seit einiger Zeit griff der wachsende See schon unerbittlich in die Eigenthumsrechte der Einwohner ein. Wo vor Kurzem noch Baumwollenpflanzungen herrlich gediehen, da rauschte jetzt das Wasser; auf einer neu angelegten Straße konnte man nur mit Kähnen fahren, und die erst 1796 aufgetauchten Inseln waren jetzt der Schifffahrt als Untiefen gefährlich. Was hatte aber diese mächtige Veränderung bewirkt? In diesen 20 Jahren hatte sich das Land von Spanien losgerissen, die Sclaven hatten sich erhoben, blutige Kämpfe waren geliefert, und die Bevölkerung bedeutend geschwächt worden. Während dieser Zeit hatte aber die Tropensonne bedeutende Waldungen hervorgezaubert, und diese hatten allein ein Steigen des Sees bewirkt; denn während das Bett jedes Flusses und Baches früher mehr als sechs Monate trocken war, war es jetzt fast stets mit Wasser gefüllt.

Neu-Granada hat auf seinen 6—9000 Fuß hohen Hochebenen eine mittlere Temperatur von 14—16 Grad Cels., also der Italiens ähnlich. Das Thal Ubaté liegt hier in der Nachbarschaft von zwei Seen, die vor ungefähr 80 Jahren nur einen einzigen ausmachten. Die Einwohner sahen das Wasser nach und nach abnehmen, und wo vor 30 Jahren noch die Wellen spülten, da wogten jetzt die üppigsten Kornfelder. Die ältesten Jäger des Landes und die Gemeindearchive bestätigten Boussinggault's Vermuthung, daß seit dieser Zeit bedeutende Waldungen verschwunden seien. Die Ausrodungen dauerten noch fort, und der See nahm, obgleich langsamer, fortwährend ab.

Oestlich von Ubaté liegt in gleicher Meereshöhe der See Fuquené. Vor 200 Jahren giebt der damalige Bischof Don Lucas Fernandes de Piedrahita von Panama — ein Schriftsteller, der sich in seinen Werken durch fast pedantische Genauigkeit in Längenbestimmungen auszeichnet — dem See 10 Meilen Länge und drei Meilen Breite. 1790 nahm ein Ingenieur Dr. Roulin einen Plan von diesem See auf und bestimmte seine Länge auf 1½ Meile und seine Breite auf 1 Meile. — Als Boussingault den See besuchte, war dieser wieder kleiner geworden, denn ein Dorf, das auf dem Plane in der Nähe des Sees angegeben war, befand sich jetzt ¼ Meile davon entfernt. Früher verschaffte man sich aber zu Fouquené leicht Holz, die Höhen waren ringsum mit Wald bedeckt; jetzt war dies schwierig, denn fast aller Wald war verschwunden; die

Benutzung der Salzquellen von Taosa und Ennemocon war die Ursache des schnellen Umschlagens der Wälder gewesen.

Andere Seen, die in gleicher Meereshöhe und nicht weit davon entfernt unter gleichen geognostischen Verhältnissen lagen, waren dagegen unverändert geblieben. Der See Tota liegt circa 12000 Fuß hoch. In dieser Höhe verschwinden die Pflanzen fast ganz, und nur hier und da wachsen einzelne Gräser zwischen den Sandsteinfelsen zerstreut. Piedrahita gab dem fast zirkelrunden See, als er ihn 1652 besuchte, einen Durchmesser von 2 Meilen, auch beschreibt er eine Eigenthümlichkeit des Sees, die er jetzt noch hatte. Nach den Traditionen der Indianer wird dieser See von einem Ungeheuer bewohnt, das sich von Zeit zu Zeit aus dem Wasser erhebe, einen Strudel bilde und die auf einem hart am See gelegenen Wege befindlichen Menschen und Thiere durch die entstandenen Wellen an sich reiße. Glaubwürdige Personen sagten auch in der That aus, daß sich mitten auf dem See von Zeit zu Zeit ein großer Wasserberg bilde, der beim Zurückfallen eine solche Bewegung des Sees veranlasse, daß die Wellen dann plötzlich die am See sich hinziehende Straße überschwemmen. Diese Erscheinung, die sich beim Genfer See ebenfalls findet, hat ihren Grund höchst wahrscheinlich in der vulkanischen Natur des Landes. 1652 schon ging der Weg hart am Ufer vorbei, 1652 war schon dieselbe Lebensgefahr vorhanden; aber dafür ist auch die Gegend noch so wild wie vor 200 Jahren.

Doch auch in bebauten Gegenden hat man dieselbe Beobachtung gemacht. In Quito liegt in einer Höhe von 8000 Fuß der See San Pablo. Obgleich in dieser Höhe Roggen und Mais nicht mehr reifen, so giebt es doch noch viele Hafer- und Kartoffelfelder, sowie fruchtbare Wiesen, auf denen bedeutende Schafheerden weiden. Alles deutet darauf hin, daß der See schon vor der Eroberung Peru's, als noch die Inka's das Land beherrschten, dieselbe Ausdehnung hatte. Ebenso unverändert ist aber auch nach allen Berichten die Umgegend geblieben. Schon zur Zeit der Inka's war sie holzarm, und die einzige Veränderung, die mit ihr vorgegangen, ist vielleicht die, daß statt der früheren Lamaheerden jetzt Schafe auf den Wiesen weiden. Ein Sinken des Sees ist niemals wahrgenommen worden, und ein Weg, auf dem bei der Eroberung eine Abtheilung Spanier an den See kam, berührt heute noch wie damals das Ufer.

Dasselbe ist in Asien von Humboldt beobachtet worden. Dieselben Beobachtungen machte Saussure*) in der Schweiz am See von Neufchatel, Brienne

---

*) Voyages dans les Alpes, chap. 16.

und am See Morat. Sauſſure behauptet, dieſe drei nicht weit von einander entfernten Seen hätten vor der Entwaldung der umliegenden Berge nur einen See zuſammengebildet.

Zum Schluſſe noch die beiden Extreme in einem und demſelben Klima, faſt in einem und demſelben Lande. Wenn man von Panama ſüdlich reiſt nach der Bai von Cupica, nach den Provinzen de San Buenaventura, Choco, Eſmeralda, ſo berührt man dichte Wälder von zahlreichen Flüſſen und Bächen benetzt. Hier iſt der Einfluß der dichten Waldungen auf die Feuchtigkeit ſo groß, daß man ſagt, es gäbe im Inneren von Choco keinen Tag, an dem es nicht regnete. Damit die Straßen nicht ganz und gar den Moräſten gleichen, iſt man dort genöthigt, zwei- bis dreihundert Ellen breite Lichtungen in den Wald zu hauen, damit wenigſtens einiger Maßen der Boden austrocknen könne. Das Gegentheil findet man nach Payta zu. Hier iſt der Boden ſandig und trocken, die Cultur faſt todt. Als Bouſſingault dieſe Gegend bereiſte, hatte es während ganzer 17 Jahre nicht geregnet, und in der ganzen Wüſte von Sachura bis Lima iſt der Regen eben ſo ſelten wie die Bäume.

Nach dieſen Beiſpielen wird es kaum noch weiterer Thatſachen für den Beweis bedürfen, in wie hohem Grade die Wälder auf den Feuchtigkeitszuſtand eines Landes und auf den normalen Waſſerreichthum der ſtehenden und laufenden Gewäſſer einwirken. Da, wo der Menſch in blinder Vermeſſenheit dieſen Einfluß mit frecher Hand vernichtet, giebt es nur Tod und Verderben, da, wo er ihn beſonnen regelt, Leben und Gedeihen.

Es fehlt indeſſen nicht an Solchen, welche die Wichtigkeit mit Wald beſtandener Flächen, beſonders auf den Höhen der Gebirge, für die Feuchtigkeit und Waſſermenge vollkommen zugeben, die Hauptwirkung aber nicht in den Bäumen, nicht in deren Waſſerdampf ausſcheidenden Blättern, nicht in der dadurch bewirkten niederen Temperatur, ebenſo wenig in den Mooſen und all' den erwähnten Factoren ſuchen, ſondern die vorhandenen Sümpfe und Moore in den flachen Geſenken, Wannen und Plateaus der Gebirge als die unverſiegbaren Brunnen für die zahlloſen Bäche gebirgiger Gegenden bezeichnen. Dieſe Sümpfe, ſagt man, ſeien Schwämmen zu vergleichen, welche das Waſſer vom Regen, Schnee und Thau aufſaugten, feſthielten und bei trocknem Wetter und Dürre die verſiegenden Flüſſe mit ihrem Ueberfluſſe ſpeiſten. Durch die Entwäſſerung erfolge ein plötzliches Ablaufen des Wassers, das jene großen Nachtheile fast einzig und allein mit sich führe.

Wir sind nicht geneigt, die Bedeutung derartiger Wasserreservoirs für einen normalen Stand der laufenden Gewässer zu unterschätzen, doch können wir nicht gestatten, daß man der neueren Forstwirthschaft deshalb einen Vorwurf gemacht, weil sie darauf ausgeht, jene Moore und Sümpfe allmälig auszutrocknen und das neugewonnene Areal in Wald zu verwandeln. Ueberall da, wo dem Abflusse des Wassers Hindernisse in den Weg treten, wird sich das letztere ansammeln und eine größere Oberfläche einnehmen. Da sich nun die Verdampfung des Wassers streng darnach richtet, wie viel Oberfläche der Luft dargeboten wird, so geht gerade durch die Versumpfung ein großer Theil des Quellwassers den Bächen und Flüssen verloren, der bei geregeltem Abflusse in einer schmäleren Rinne erhalten geblieben wäre. Durch die vermehrte Wasserverdampfung der sumpfigen Flächen wird ferner die Temperatur in höherem Grade vermindert, als wenn auf derselben ausgetrockneten Fläche ein frischer Wald emporwächst, und ist es zumal auf ausgedehnten Gebirgsplateaus einzig und allein durch die Entsumpfung derartiger Flächen gelungen, die Durchschnittstemperatur so zu steigern, daß die Feld- und Forstwirthschaft zu dem Anbaue solcher lohnenden Pflanzen vorschreiten durfte, welche früher nicht zur Reife gebracht werden konnten.

Den Vorwurf, daß die natürlichen Zustände durch Entsumpfungen nachtheilig verändert worden seien, hat neuerdings Geh. Rath v. Berlepsch treffend widerlegt, indem er auf die Lagerung der meisten Gebirgsmoore aufmerksam macht: „Die darin aufgefundenen Holzlager führen zu der Vermuthung, daß vor Jahrhunderten und Jahrtausenden zur Zeit, als die Bäume vom Alter und vom Sturme dahin gestürzt wurden, ein Bodenzustand vorhanden war, der dem Wachsthum dieser Bäume zusagte. Der Boden mußte nach den unveränderlichen und noch jetzt bestehenden Gesetzen der Natur frei von stagnirendem Wasser gewesen sein, weil dieses die Baumvegetation verhindert haben würde. Die auf die Holzschichten folgenden Torflager, aus Sumpfgewächsen gebildet, scheinen diese Vermuthung zu bestätigen, denn von da an hört die massenhafte Auflagerung größerer Bäume auf. Ist diese Schlußfolgerung richtig, so wären die an den Abhängen und am Fuße des Gebirges befindlichen

Sümpfe wesentlich dadurch entstanden, daß die einst ungehindert abfließenden Quellwasser durch die umgestürzten Bäume bei geringem Gefälle in ihrem Laufe gehindert wurden, dadurch aber Stagnation entstand, welche das Entstehen der Sumpfvegetation ermöglichte. In der That findet man auch bei stärkerem Gefälle keine bedeutenden Sümpfe.

Ebenso wenig wie die Entwässerung des Oberbruches und die Austrocknung des Harlemer Meeres von nachtheiligen Folgen begleitet gewesen ist, ebenso wenig wird man schädliche Einflüsse auf die Feuchtigkeitsverhältnisse in den Gebirgsforsten Bayerns, Würtembergs, in Baden, Sachsen, Großherzogthum Hessen und am Harze zu erwarten haben, wo man schon seit Jahren bemüht gewesen ist, die sogenannten „Moose" zu entfernen. Ueberall, wo eine rationelle Forstwirthschaft das neu gewonnene Areal zum Heranwachsen eines kräftigen Waldes benutzt, ist vielmehr eine Besserung der klimatischen Zustände zu erwarten.

Ehe wir den Einfluß des Waldes auf Klima und Feuchtigkeit verlassen, haben wir ausdrücklich hervorzuheben, daß nur eine angemessene Vertheilung — wir werden später versuchen, den Procentgehalt zur Gesammtoberfläche festzustellen — geeignet ist, je nach den localen Verhältnissen den Extremen der Feuchtigkeit und der Dürre entgegenzuwirken. Ist ein zu großer Theil der Oberfläche mit Wald bewachsen, so wird sich ein zu hoher Grad der Feuchtigkeit und rückwirkend eine Verminderung der Tageswärme bemerkbar machen, welche ebenso ihre Schattenseiten hat, wie jene nur selten von den heftigsten Regengüssen unterbrochene Dürre, die sich in waldarmen Gegenden zeigt. Bei einem Lande von großer Ausdehnung genügt es ferner nicht, daß auf dem Gesammt-Areal eine durchschnittliche hinreichende Waldmenge vorhanden sei, sondern es kommt auch darauf an, daß in der Vertheilung nach Provinz und Bezirk eine möglichste Gleichmäßigkeit herrscht. So hätte Preußen mit durchschnittlich 26% Waldboden jedenfalls noch Wald genug, und brauchte für das ganze Land klimatische Nachtheile nicht zu fürchten. Specialisirt man aber nach den Provinzen, so hat Rheinpreußen mit 35% Waldboden Ueberfluß, Provinz Sachsen mit 16% Mangel, und wird man schwerlich behaupten wollen, daß das günstigere Verhältniß in den Rheingegenden in allen einzelnen Fällen bis zur Elbe zurückwirken könne. Die Provinz Sachsen würde längst traurige Erfahrungen gemacht haben, wenn ihr nicht die Wälder des Thüringer Waldes und des Harzes als die letzten Höhen dieses Theiles der norddeutschen Ebene einigen Ersatz leisteten.

Endlich darf man nicht vergessen, daß der Wald alle die genannten wohlthätigen Einflüsse nur so lange ausüben kann, als er sich in seiner ganzen Frische und Fülle zeigt.

Ein mit vielen Blößen versehener, oder Holzgrund wird die Verrichtungen nicht vollständig ausführen können, die ihm die Natur übertragen hat. So wird der Wald, der viele Blößen zeigt, nicht im Stande sein, die Temperatur zu reguliren. Bei Tage erwärmen ihn dann die Sonnenstrahlen ebenso sehr, wie das Feld und entziehen ihm seine Feuchtigkeit; des Nachts strahlt er ebenso sehr Wärme aus, wie alle anderen nur mit Gras oder kleineren Pflanzen bewachsenen Stellen, da das schützende Blätterdach fehlt. — Ebenso wenig wird auch ein mit dürrem kränklichen Holz bestandener Forst vermögend sein, durch seine Blätter soviel Wasserdampf abzuschneiden, als ein frischer, kräftiger Wald; die Winde werden ihn leicht durchdringen und seine Feuchtigkeit mit fortführen. Ist aber diese verschwunden, so hört auch die Ursache auf, die eine mit Wasserdampf gefüllte Wolke zum Niederschlagen ihrer Feuchtigkeit als Regen zwingt. — Durch die Macht der bis auf den Boden dringenden Sonnenstrahlen wird der Schnee überall zu gleicher Zeit geschmolzen, und eine solche Holzstrecke wird keineswegs die Größe der Frühjahrsüberschwemmungen hindern. Dagegen werden aber auch die Quellen in der Umgebung sich immer mehr dem Versiegen nähern, und der Bach, der einem solchen Walde sein Entstehen verdankt, wird während der Sommermonate meist ein trocknes Bette zeigen. — Ein nicht geschlossener Wald wird ferner dem Andrange der Winde nicht widerstehen können, und der Besitzer wird seine Nachlässigkeit durch das Niederschlagen seiner Bäume büßen müssen. Aber nicht blos dieser, sondern auch seine Nachbarn leiden dabei; denn der frei hindurchstreifende Südwind findet keinen Widerstand; er trifft auf keine an Wasserdampf reiche Atmosphäre, sondern sättigt sich damit auf Kosten der Felder und Wiesen. Der Nordwind wird dagegen nicht säumen, von der anderen Seite den Wald anzugreifen und durch seine Kälte verheerend aufzutreten.

Es darf endlich nicht befremden, wenn mit der Verminderung der kleinen Wasserläufe die große Pulsader des Verkehres, der mächtige Strom, an Wasserfülle stetig abnimmt, um nach den eingetretenen Regengüssen plötzlich entfesselt seine Ufer zu überschreiten und nach den angerichteten Verheerungen ebenso schnell wieder in das vorige Niveau zurückzusinken, nachdem durch den abgesetzten Schutt und Schlamm die frühere Fahrstraße vernichtet worden ist.

Dies dürfte in kurzen Umrissen der Zustand eines Landes sein, das vielleicht auf seiner Oberfläche mehr Wald besitzt, als bei gutem Bestande nöthig wäre, dessen Wälder sich aber einer so geringen Pflege und Cultur erfreuen, daß sie die ihnen von der Natur übertragenen Verrichtungen nicht gehörig erfüllen können. Ein großer, vernachlässigter Wald wirkt vielleicht weniger, als ein kleiner, gut gepflegter, und manches Land würde sich wohler befinden, wenn, nachdem noch mancher Acker gerodet worden wäre, aller der Holzcultur unterworfene Boden sich der möglichst besten Pflege erfreute.

IV.
Rückwirkung auf die Gesundheit der Bewohner und die Fruchtbarkeit des Bodens.

Die Statistik hat uns in der neuesten Zeit nach den Untersuchungen von Quetelet interessante Data über die Lebensdauer der verschiedenen Berufsklassen verschafft. Wenn in den großen Städten jährlich von vier- und zwanzig Menschen einer, auf dem Lande aber nur von vierzig Menschen einer stirbt, so müssen wir die Ursache dieses für die Städte höchst ungünstigen Verhältnisses nicht blos in der ungenügenden Beschaffenheit der Wohnungen, der Kleidung, Nahrung und in der entnervenden Lebensweise der Städtebewohner, sondern auch im Mangel der die Luft immer gesund erhaltenden Waldungen suchen. Der Ausfall zwischen Geburten und Todesfällen wird in den großen Städten durch den immer erneuten Zuzug vom Lande wieder ersetzt, der Gesundheitszustand in den Städten ist nur ausnahmsweise befriedigend. Die Stellungen zum Militair liefern fast überall aus den Städten weit mehr schwächliche, langaufgeschossene und zum Kriegsdienste untaugliche Leute, als vom Lande. Das Landvolk wird daher nicht mit Unrecht als der Kern des physischen Wohls einer Nation betrachtet, und da wir wissen, daß in vieler Hinsicht die Ernährung des Landvolkes eine unbefriedigendere ist, als die des Stadtbewohners, so sind als die Ursachen für die größere physische Kraft der Landleute nur die abhärtende Arbeit und der Aufenthalt in freier Wald- und Feldluft zu betrachten.

Eine Erklärung dieser Beobachtungen bietet keine Schwierigkeiten, obgleich wir damit beginnen müssen, ein vielfach und selbst in Fachschriften verbreitetes Vorurtheil zu bekämpfen, nämlich den Einfluß der Wälder auf den Sauerstoffgehalt der Luft.

Die Regulirung der Bestandtheile der Luft ist der Pflanzenwelt, ganz besonders aber ihrer großen Blätterzahl wegen den Bäumen übergeben. Unsere athmosphärische Luft besteht aus 79 Theilen Stickstoff und 21 Theilen Sauerstoff, einer unbestimmten Menge Wasserdampf, $1/25 - 1/30$ Kohlensäure und aus Spuren von Ammoniak und anderen Stoffen. Durch das Einathmen der Menschen und Thiere, durch unsere Feuerungen und Fabriken, durch das Verwesen der vielen organischen Substanzen, durch das Anziehen des Sauerstoffes von Seiten der meisten Erd- und Gesteinsarten (Oxydationsproceß) werden täglich solche Massen von Sauerstoff verbraucht, und wird täglich so viel Kohlensäure entwickelt, daß endlich der ungeheure Sauerstoffvorrath der Erde zu Ende gehen würde, wenn die Natur die Ausgleichung nicht der Pflanzenwelt übertragen hätte. Die Pflanzen besitzen das Vermögen, die aus 27% Kohlenstoff und 73% Sauerstoff bestehende Kohlensäure theils im Wasser gelöst durch ihre Wurzeln, theils unmittelbar durch die Spaltöffnungen ihrer Blätter aufzunehmen, den Kohlenstoff und wahrscheinlich auch einen kleinen Theil des Sauerstoffes zu ihrem Wachsthum zu verwenden, den überflüssigen Sauerstoff aber besonders unter Einwirkung des Sonnenlichtes wieder an die Atmosphäre abzugeben. So wußte die Natur durch das einfachste Mittel das Großartigste zu leisten. Ihrer Blättermasse wegen ist diese Verrichtung besonders den Bäumen, und daher dem Walde, übertragen, obgleich alle anderen Pflanzen sich bei diesem Kreislaufe thätig zeigen. — Es würde nun sehr nahe liegen, zu meinen, daß bedeutende Waldausrodungen in einem Lande eine andere Zusammensetzung der Luft bewirken müßten. Die sorgfältigsten Untersuchungen haben dies aber nicht ergeben, sondern vielmehr dargethan, daß überall, wo man auch die Luft untersuchte, eine gleiche Zusammensetzung gefunden ward. Es müssen also andere Ursachen dennoch eine Ausgleichung hervorzubringen im Stande sein. Die Luft besitzt nämlich in viel höherem Grade, als das Wasser, die Fähigkeit, ihr gestörtes Gleichgewicht wieder herzustellen, d. h. eine irgendwo vorhandene Ungleichheit der Zusammensetzung oder der Wärme möglichst auszugleichen. Geschieht das Letztere auf eine für uns wahrnehmbare Weise, so nennen wir dies Wind. Eine einmal in Bewegung gesetzte Luftschicht bringt eine andere in Bewegung, und so wird auch in weiten Fernen die Luft eine gleiche Zusammensetzung haben oder nur solche Unterschiede zeigen, die für unsere Instrumente zu fein sind. So hat die Luft der Sahara dieselbe Zusammensetzung wie die auf deutschem Grund und Boden, trotzdem daß dort auf einer Fläche von 60—80,000 Qu. Meilen die Pflanzenwelt nur auf einige kleine Oasen beschränkt ist. Daher erweist sich auch, so viel man jetzt darüber entscheiden kann, die hier und da verbreitete Meinung als eine falsche, daß die Ausrodung der Wälder die Luft verschlechtern und dadurch bösartige, ansteckende Krankheiten, z. B. die Cholera, erzeugen könne. Dasselbe gilt auch von der dem Landmanne wohl bekannten Krankheitserscheinung der Pflanzen, die mit den Namen: Lohe, Mehl- oder Mühlthau, bezeichnet wird, und die der Verfasser manchen intelligenten Landwirth als eine Folge der Ausrodung der Wälder hat hinstellen hören. Neuerdings hat man die Ursache der Kartoffelkrankheit in der durch Ausrodung der Wälder verschlechterten Luft erblicken wollen, und war man sehr verlegen, als in den letzten Jahren diese Krankheit fast verschwand, ohne daß sich die Anzahl der Wälder vermehrt hatte. Es kann hier nicht der Ort sein, alle die Vermuthungen anzuführen, die zur Erklärung dieser Erscheinung aufgestellt worden sind, es möge nur die Versicherung genügen, daß sie bis jetzt durch die Ausrodung der Wälder noch nicht bewiesen worden sind. Daß aber die Gesammtmasse der Waldungen eines ganzen Erdtheiles oder der ganzen Erde auf den Gesundheitszustand der Menschen vom wesentlichsten Einflusse ist, wird Niemand bestreiten; nur darf man dies nicht an örtliche Verhältnisse und Veränderungen binden.

Ein wesentlicher Unterschied in der Zusammensetzung der respirabeln Gase findet sich aber doch zwischen der Stadt- und Landluft. Die Luft, die sich in den größeren Städten findet, wird verschlechtert durch den Rauch und Ruß, den Fabriken und Oefen entwickeln, durch die mehr oder weniger schädlichen Gase der Gewerbe, z. B. der Gerberei, Seifensiederei, der Schlachthäuser u. s. w., durch die faulenden Stoffe der Cloaken und Abzugscanäle. Die engen Gassen mit ihren hohen Häusern hindern die Ventilation und durch das Ansammeln dieser den menschlichen Respirationsorganen schädlichen Stoffe wird eine Luft erzeugt, die zwar bei der Elementaranalyse des Chemikers dieselbe Quantität Sauerstoff giebt, nichts desto weniger aber dem Stoffwechsel des Blutes beim Athmungsprocesse nur wenig dienlich sein kann. Der Pflanzenwelt und ihres größeren

Volumens wegen vorzugsweise den Bäumen des Waldes ward von der Natur die Aufgabe gestellt, alle derartigen schädlichen Stoffe, die sich dann sämmtlich in die binären Verbindungen des Wassers, der Kohlensäure und des Ammoniaks zerlegen, in sich aufzunehmen und die Luft zu reinigen. Die Waldluft ist allerdings gesünder, weil sie alle derartigen Miasmen sofort in brauchbare Gase umwandelt, nur darf man nicht übersehen, daß im Walde selbst alle jene Ursachen fehlen, und ist es kaum erlaubt, in überschwenglicher, wenn auch gut gemeinter Weise das Fehlen der Waldungen für die schlechte Luft der großen Städte verantwortlich zu machen.

Hier helfen wir uns vielmehr damit, daß wir den Wald durch Promenaden und Gärten in die Stadt verpflanzen, und ist die hohe, culturhistorische Bedeutung dieses Schrittes gewiß nicht zu unterschätzen. Wie sich Paris nicht mehr mit dem Boulogner Wäldchen begnügt, sondern innerhalb der Banlieue parkähnliche Promenaden anlegt, wie New-York einen großartigen Centralpark erhält: so umgiebt sich Wien nach dem Niederreißen der inneren Festungswälle mit einem grünen Promenadengürtel, so hat man in Berlin und Brüssel, in Leipzig und Dresden, ja fast in jeder Mittelstadt Deutschlands innerhalb der Städte oder wenigstens in deren nächster Nähe durch Alleen, Promenaden und Gärten dafür gesorgt, daß wenigstens ein zweckmäßiges Surrogat für den fehlenden Wald geschaffen werde. Leider waren die Anlagen nicht allemal zweckentsprechend. Nicht in die Straßen und Gassen der Städte gehören die Bäume, die hier nur der Luft und dem Lichte den Weg versperren und die vorhandenen Feuchtigkeiten vermehren helfen, sondern auf die freien Plätze und in die nächsten Umgebungen der Städte.

Der eigentliche hygienische Werth der Waldungen besteht vielmehr in der bereits erwähnten Regulirung der Wärme und der Feuchtigkeit. Solche Gegenden, die nicht durch Gebirge oder Wälder gegen die Gewalt der Winde geschützt sind, unterliegen auffallend schnellen Temperaturveränderungen. Solche plötzliche Abwechselungen — selbst in Leipzig, also in dem reich bewaldeten Sachsen, fand nur im December 1856 in der Zeit von 48 Stunden ein Unterschied von 10° Kälte bis auf 10° Wärme, also 20° statt —*) wirken auf unsere durch Cultur, Erziehung, fremde Genüsse

---

*) Der Temperaturwechsel war nur durch ein plötzliches Umschlagen des Windes

und nicht naturgemäße Lebensart doch verweichlichte Natur störend ein und erzeugen mehr oder weniger Krankheiten. Hier wird in der Regel der Städtebewohner, weil er sich nicht abgehärtet hat, härter betroffen, als der Landmann.

Die plötzlichen Temperaturwechsel, die durch die baumlosen Steppen von Norden und durch das schwarze Meer von Süden in der Krimm wesentlich begünstigt werden, haben mindestens dreimal so viel Soldaten durch Krankheiten weggerafft, als die feindlichen Kugeln trotz des erbittertsten Kampfes vermochten.

Ganz abgesehen von dem plötzlichen Wechsel der Wärme und Kälte, sind auch die Winde in einem von Wäldern entblößten Lande ihrer trocknen, scharfen Luft wegen der Gesundheit mehr oder weniger nachtheilig. Verrufen ist in dieser Hinsicht die Gegend von Madrid, das, obgleich in einem warmen Lande, auf einer weiten baumlosen Hochebene aus Norden von einer, den größten Theil des Jahres mit Schnee bedeckten Gebirgskette eine so kalte und scharfe Luft erhält, daß der Fremde leicht in gefährliche Krankheiten verfällt, wenn er früher an das wärmere Klima des übrigen Spaniens gewöhnt war. — Der gefürchtete Samum oder Harmattan der Sahara verliert seine größte Hitze und dadurch auch seine austrocknenden Eigenschaften, sobald es ihm vergönnt ist, über größere Waldstrecken zu wehen, die ihm Feuchtigkeit abgeben und seine Hitze mildern. — Das Gleiche gilt von unseren Ostwinden, die ihrer Trockenheit und Schärfe wegen von Brustkranken so sehr gefürchtet werden. Diese Luftströmungen würden bei uns viel entschiedener und nachtheiliger auf-

---

herbeigeführt worden. Den Zeitungsnachrichten nach trat die erhöhte Wärme beinahe einen ganzen Tag früher in Süddeutschland auf. Wäre aber Deutschland von Wäldern entblößt gewesen, d. h. hätten keine Wälder zuerst den Nordwind aufgehalten und dadurch dessen Kälte gemindert, wäre dann der wärmere Südwestwind auch von keinem Walde aufgehalten und erkaltet worden, so würde höchstwahrscheinlich nicht nur auf eine größere Kälte eine größere Wärme gefolgt sein, sondern es würde auch der Uebergang von einem Extrem zum anderen viel schneller erfolgt sein. Wir hätten heute möglicher Weise 12° Kälte, morgen dagegen 12° Wärme gehabt. Temperaturunterschiede, wie sie in gleich kurzer Zeit in waldlosen Ländern gar nicht selten sind. Es kann dem Verfasser nicht einfallen, fest zu behaupten, daß es so kommen mußte; er wollte blos an diesem einfachen, aus dem Leben gegriffenen Beispiele zeigen, welche mannichfache Rolle den Wäldern im Haushalte der Natur zugetheilt sei.

treten, wenn ihre Trockenheit, sowie ihre Kälte nicht wesentlich von den Waldungen gemildert würde.

Es ist der Satz aufgestellt worden: „Je unfruchtbarer der Boden, desto geringer, und je ertragsfähiger der Boden, desto größer ist die Sterblichkeit, und gerade der fruchtbare, gut angebaute Boden hat sich als der ungesundere erwiesen." So ist auf dem fruchtbaren Kalk- und Basaltboden die Sterblichkeit größer, als auf dem unfruchtbaren Porphyr und der Sandsteinformation. Die Antwort wird sicher mit in den Bewaldungsverhältnissen zu suchen sein. Wo der Mensch einen der Vegetation günstigen geologischen Character der Gegend vorfindet, wie auf Kalk- und Basaltboden, da beginnt er die Cultur des Feldbaues, entfernt er die bis dahin so üppige Waldung in großer Ausdehnung und ändert hiermit zum Schaden des eigenen physischen Wohles die klimatischen Zustände.

Dagegen ist auch nicht zu verkennen, daß niedrig gelegene, sumpfige Waldungen zumal in heißen Ländern (für unsere Breiten nur in der wärmeren Jahreszeit) der Gesundheit äußerst gefährlich sind, weil sich hier durch die fortwährend statt findende Verwesung der Pflanzen und Thierstoffe Luftarten erzeugen, die mancherlei fieberhafte Krankheitserscheinungen verursachen. Solche Waldungen sollten überall, selbst auf Anordnung der Wohlfahrtspolizei, ausgerodet werden. Für uns ist dies aber wiederum ein deutlicher Fingerzeig, daß die Waldungen auf die Höhen eines Landes gehören.

Doch nicht blos für die Gesundheit der Bewohner eines Landes ist die durch eine den Verhältnissen angemessene Vertheilung des Waldes bewirkte Regulirung der Luftströmungen von wesentlichem Einflusse, sondern auch für die Fruchtbarkeit. Es braucht nicht erst darauf hingewiesen zu werden, daß Feuchtigkeit und Wärme die ersten Bedingungen für das Wachsthum der Pflanzen sind. Dadurch, daß die Winde von den Wäldern aufgehalten wurden, trugen diese wesentlich zur Festhaltung und zum Niederschlagen der Feuchtigkeit bei. Ebenso milderten die Forsten die Wärme und die austrocknenden Eigenschaften der Südwinde, erhöhten aber dagegen die Temperatur der kalten Nordwinde. Je heftiger der Wind weht, desto mehr trocknet er den Boden aus. Dies läßt sich dadurch erklären, daß immer neue Luftschichten über den Boden hinwehen, die sich auf dessen Kosten mit Feuchtigkeit sättigen. Ist dies allein schon nachtheilig für die Landwirthschaft, so wird der Schaden dadurch noch vergrößert, daß heftige Winde, die auf ihrem Wege keinen nennenswerthen Widerstand gefunden haben, den Boden aushagern und das leichtflüchtige Ammoniak, vielleicht das wirksamste Düngemittel, mit fortführen. — In einem gut bestandenen Walde schützt ein Baum den anderen; man könnte auch sagen: „In einem gut bewaldeten Lande schützt ein Wald den anderen." Denn ein über eine weite, baumlose Fläche daher brausender Wind wird nicht nur die Stämme des ersten Waldes, den er trifft, ziemlich heftig angreifen und manchen Baum niederschlagen, sondern auch den Boden aushagern, zur Verwilderung geneigt machen, und nachdem die nährende Laubdecke fortgeführt worden ist], die stehenbleibenden Holzgewächse austrocknen und erkälten. Das fahnenförmig verkrüppelte Wachsthum frei liegender Wälder ist oft die Wirkung solcher über weite Flächen daher brausender Stürme. Die außerordentliche Gewalt der Meeresstürme entsteht ja nur dadurch, daß sie auf ihrem weiten Wege keinen Gegenstand treffen, der ihre Gewalt mindert. Auf dem Festlande muß eben ein Wald den anderen schützen, und was heute der Vordermann auszuhalten hat, das muß der Hintermann wieder entschädigen, wenn die Luftströmungen ihn zuerst treffen. Was die Luft dem trocknen Boden an Nährstoffen verweigert, sucht man durch kostspielige Düngung zu ersetzen. Es ist bekannt, daß ein gut gedüngtes Feld nicht nur schädlichen Temperatureinflüssen leichter widersteht, sondern auch in erhöhtem Grade die Fähigkeit besitzt, Feuchtigkeit aus der Luft aufzusaugen. Auf beide Umstände erstrecken sich aber die Folgen der Waldverwüstungen. Englands Landwirthe düngen ihre Felder vielleicht am besten unter allen Ackerbau treibenden Nationen. Die nachtheiligen Einflüsse der dort im großartigsten Maßstabe ausgeführten Entwaldungen können nur dadurch bei der Nähe des Meeres wesentlich gemildert werden.

Den erkältenden und auch zum Theil austrocknenden Eigenschaften der Winde schreibt man in England die Unfruchtbarkeit der Felder da zu, wo sie vom Meere frei über das Land hereinbrechen, seitdem die schützenden Wälder verschwunden sind. Es war eine unglückliche Speculation, welche die Wälder vollends ausroden oder die vom Sturme bei unvollständigem Schlusse gebrochenen nicht durch neue Pflanzungen ersetzen ließ, weil man meinte, daß der Stürme wegen hier Feldbau an seinem Platze sei. Denn nicht blos an diesen

Stellen erntete man wenig oder gar nichts, auch die früher durch jene Waldungen geschützten Ländereien wurden unfruchtbar.

Die Ostküste von Holstein ist fruchtbar, da die Wälder das Hereinbrechen der Seestürme hindern; die Westküste dagegen, wo der Nordwestwind von der Nordsee frei über die Haide daherbraust, ist steril. Einst standen auch da reiche Waldungen und in deren Schutze wuchsen und gediehen die goldenen Saaten.

Zu ihrem Wachsthum brauchen die Pflanzen des Feldes und des Waldes des Himmels Regen und der Erde Thau. Sollen wir eine Schilderung des dürftigsten Pflanzenwachsthums aus jenen Gegenden entwerfen, welche mit unverantwortlichem Leichtsinn ihre Waldungen niedergeschlagen haben und mit ihren Ernten dafür büßen müssen? Brauchen wir noch darauf hinzuweisen, daß da, wo Monate hindurch kein Tropfen befruchtenden Regens fällt, von einem erfreulichen Gedeihen der Saaten nicht die Rede sein kann? Was Roßmäßler, der in anerkennenswerthester Weise die Verbreitung richtiger Ansichten über die Wichtigkeit der Wälder sich zur Lebensaufgabe gemacht hat, über Spanien sagt, giebt ein abschreckendes Beispiel, das in gleicher Weise von Deutschlands gesegneten Fluren für immer fern bleiben möge!

Persien, einst mit seinen fruchtbaren Ebenen und mit seinen Städten und Dörfern das gesegneteste und bevölkertste Land der Erde, ist fast zu drei Viertheilen zur Wüste geworden. Auf Hunderten von Quadrat-Meilen, wie A. Hohenstein*) anführt, erblickt man keinen Baum, nicht einmal eine grüne Fläche; zu den Trümmern der weltberühmten, umfangreichen Weltstädte Susa, Babylon und Persepolis kann man nur mit Gefahr des Verhungerns gelangen, weil der Flugsand weit und breit umherwirbelt; die Gegend von Komanschah, früher das Revier der Gärten genannt, zeigt jetzt gar keine Vegetation mehr, kurz, wo vormals Millionen von Bewohnern im Ueberflusse lebten, würden gegenwärtig wenige Menschen verschmachten, wenn sie nicht von fern die Nahrungsmittel mit dahin brächten. Die Luft ist dabei äußerst trocken geworden, die Bäche sind versiegt, Flüsse sind fast gar nicht mehr zu finden; das ganze Klima hat sich total geändert. Das persische Volk des 19. Jahrhunderts, nur noch ein Schatten der früheren Größe, ist übrigens auch in seiner Bildung, seinen Talenten, in Bezug auf Handel, Industrie, Wissenschaft und Kunst allmälig bis zum Verschwinden herabgesunken.

---

*) A. Hohenstein, der Wald u. s. w. (Wien 1860.)

Wer wollte noch zweifeln, daß die Menschheit unmittelbar mit dem Klima wie mit der Beschaffenheit der Bodenoberfläche correspondirt? Wie der Mensch auf der Höhe voller geistiger Kraft den unfruchtbaren Boden, selbst die vollkommenste Sandwüste in blühende Gärten umzuschaffen vermag, so sinkt die menschliche Kraft mit der bewirkten Zerstörung der Bodencultur zur Unbedeutendheit herab! Dies lehrt die Weltgeschichte so deutlich, daß es als Wahrheit leicht begriffen werden kann.

Die Länder der europäischen Alpen, Kärnthen und Tyrol, das südöstliche Frankreich und die Schweiz sind ihres saftigen und nahrhaften Grases wegen berühmt, doch selbst dieses Gras, das bekanntlich den Unbilden jeder Witterung wirksamer zu widerstehen vermag, als fast alle anderen Pflanzen, verliert, sobald die schützenden Waldungen fehlen. Ist die Entwaldung einmal bis zu einem gewissen Grade gelangt, so nehmen die Fruchtbarkeit des Bodens und die Erzeugung des Grases sowohl auf den Weideplätzen wie auf den Wiesen in demselben Verhältnisse ab, wie die Bäume. Ist einmal in den östlichen Alpenländern das Plateau der freigelegenen Berge allen Schutzes beraubt und dem ganzen Ungestüm der Winde preisgegeben, so verfällt es demselben Schicksale, wie die Alpenwirthschaft der französischen Schweiz, die in Folge der Entwaldung die Zahl ihres Viehes nach und nach um die Hälfte veringern mußte. Um die Viehzucht zu fördern, entwaldet man die Berge, aber gerade diese Entwaldung wird die Weiden verschlechtern und die Bewohner nöthigen, ihre Heerden zu decimiren.

Die Landwirthschaft hat in den letzten Jahrzehnten in allen Staaten, die auf den Ehrentitel der Civilisation Anspruch machen dürfen, unglaubliche Fortschritte gemacht. Mit der Befreiung von den einseitigen NaturalAbgaben, mit der Ablösung der Frohndendienste, mit der Erlösung des Grund und Bodens von dem total unwirthschaftlichen Joche der Geschlossenheit des Grundbesitzes ist der Landmann zum tüchtigsten Producenten emporgewachsen. Sobald die Landwirthschaft erkannte, daß sie sich der Früchte ihres Fleißes nach eigenen selbstständig entworfenen Bewirthschaftungsplänen ungestört erfreuen konnte, fing sie an, sich mit den großartigen Entdeckungen der Naturwissenschaften vor Allem mit der Agriculturchemie bekannt zu machen. Der Betrieb wurde nach den Grundsätzen der Wissenschaft geregelt, der Fleiß verdoppelt, und mit um so gewissenhafterer Sorgfalt jedes Stückchen Land benutzt, je besser mit Hilfe der großartigen Verkehrsmittel ein solches ehrenhaftes Streben lohnte. Was helfen aber die umsichtigste wissenschaftlichste Betriebsweise, der sorgfältigste Fleiß, die beste Düngung, Drainiren und Bewässern, sobald durch übermäßige Entwaldungen das Klima des Landes Schritt für Schritt verschlechtert wird? Das Capital, was aus dem niedergeschlagenen Holze, die wenigen Thaler, welche aus dem zu Feld umgesetzten Waldboden als augenblicklicher Mehrertrag gewonnen werden, stehen in gar keinem Vergleiche zu den geringeren Ernteerträgen, welche ungeachtet des vermehrten Betriebscapitales für Arbeitslöhne und Düngemittel erzielt werden. Die ewigen Naturgesetze lassen sich nicht ungestraft verletzen.

Auf deutscher Erde findet sich bei durchschnittlich 25—26 Procent Waldbestand zur Zeit noch eine vollkommen ausreichende Waldmenge, und würden wir wahrscheinlich noch gar keine ungünstigen klimatischen Veränderungen wahrgenommen haben, wenn sich alle Wälder einer möglichst guten Pflege erfreuten. Das, was aber von dem Gesammtvaterlande gilt, kann von einzelnen Districten und Provinzen nicht behauptet werden. Wenn wir erst später uns mit dem Nachweise für die locale Vertheilung der Wälder befassen werden, so haben wir hier doch den Unverstand zu rügen, mit dem man in Deutschland immer mehr angefangen hat, die Höhen und steile Bergesabhänge zu entwalden. Scheute der Besitzer die geringe Mühe des Wiederaufpflanzens und glaubte er, der schöpferischen Natur das neue Wachsthum überlassen zu können, so hätte er an vielen Orten sich überzeugen können, wie falsche Schlüsse seine Trägheit und seine Indolenz zu ziehen sich bemühten. Die Höhe blieb kahl, die Einnahmequelle versiegte, und die Nachbarschaft büßte für die Nachlässigkeit des Besitzers in einem Grade, der sich allerdings nicht bestimmt messen, im Laufe der Zeit aber wohl bemerken ließ. In neuerer Zeit hat die Landwirthschaft besser rechnen lernen. Der steile Abhang wird allerdings entwaldet, doch, wenn es der Grad der Steigerung nur einigermaßen gestattet, selbst da zu Feld umgewandelt, wo der Pflug nicht mehr gehen kann und der Boden mit der Hacke aufgelockert werden muß. Hier hat man nicht über die Trägheit, sondern über den Unverstand zu klagen, der den zunächst liegenden Folgen seine Augen verschließt. Wird Ackerbau an solchen Abhängen getrieben, die ihrer starken Neigung wegen eigentlich mit Holz bepflanzt sein sollten, so müssen starke Regengüsse das gute und fruchtbare Erdreich fortschwemmen und den Flüssen zuführen. Man betrachte das schmutzige Wasser, das nach einem Regen den Bächen zuströmt, die trübe Farbe des Flusses, und man wird eine kleine Vorstellung von der Menge von Schlamm und Sand erhalten, die dem Ackerboden entnommen werden. Diese Masse wird aber theils dem Meere zugeführt, theils setzt sie sich zu Boden und macht dadurch den Strom seichter, die Schifffahrt beschwerlich. In gleicher Weise werden bei Ueberschwemmungen, die ja durch unvernünftiges Ausroden befördert werden, nicht nur die Wohnungen und das Leben der Menschen und Thiere gefährdet, sondern es werden auch die an den Bächen und Flüssen liegenden Felder und Wiesen überschwemmt, und nur selten erhält ein solches Stück Land besseren Boden. Meistens wird durch einen Sand- und Kiesüberzug die Ernte auf mehrere Jahre zweifelhaft gemacht.

Außer diesen allgemeinen Wirkungen der Wälder haben wir noch besondere locale Einflüsse hervorzuheben, welche auf dem mechanischen Widerstande der Waldmasse beruhen. Voran stehen die Bergstürze und Lawinen, welche in den Alpen durch unbedachte Entwaldungen herbeigeführt worden sind. In Tyrol und Steyermark, in der Schweiz, wie in den französischen Alpen-Departements sind ganze Dörfer von den Schuttmassen begraben worden, welche die Regengüsse von den entblößten Höhen herunterführten, und mehr als einmal sind Bergstürze, deren Inhalt sich nur nach Hunderttausenden von Kubikfuß berechnen ließ, zum gemeinschaftlichen Grabe von Menschen und Thieren geworden. Aber auch da, wo die Katastrophe nicht so tragisch abschließt, wird im Laufe der Jahre Schritt für Schritt zum Nachtheile der Eigenthümer dasselbe traurige Resultat erreicht, nur mit dem Unterschiede, daß die Lebenden den fortschreitenden Naturereignissen in gleichem Zeitmaße weichen.

In den Alpen sind die Fluren ganzer Thäler von den Kiesmassen verschüttet worden, welche der Gebirgsbach mit sich führte. Um die Wiederholung solcher unglücklicher Ereignisse zu verhindern, hat man mit großen Kosten Canäle gebaut, welche den Kies in den Fluß leiten sollten. Durch diese kostspielige Arbeit hat man das Uebel gemildert, doch nicht beseitigt. Die Kiesmassen werden durch die Strömung fortgerissen, so lange der Fall bedeutend genug ist, um den Transport zu ermöglichen; endlich bleiben sie aber liegen, verstopfen und erhöhen das Flußbett und vergrößern dadurch den Umfang des künstlichen See's. Um die Verheerungen des Alpbaches unbedeutender zu machen oder ihnen Einhalt zu thun, hätte man die Quelle des Uebels nicht im Thale, sondern auf den Höhen suchen und beseitigen müssen.

Nicht minder wichtig sind die Wälder, um in denselben Gebirgsthälern den verheerenden Lawinen entweder Widerstand zu leisten, oder deren Entstehen ganz unmöglich zu machen.*)

Interessant sind in der Schweiz die Lawinen, die seit etlichen Jahren an einem Platze zwischen Saanen und Gsteig fallen, wo sie niemals zuvor bemerkt worden sind. Durch einen unklugen Holzschlag haben die Eigenthümer dem Uebel das Thor geöffnet, und jetzt sind sie außer Stande, demselben zu steuern. Schon im ersten Jahre nach dem Schlage bildete sich die Lawine da, wo die Bäume gefällt worden waren, und sie brachte an dem Fuße des Berges ungefähr 4000 Klafter Holz aus einem tiefer gelegenen Walde mit, der, ohne jede Hoffnung auf spätere Neucultur, zerstört ist. Nachdem der Weg einmal gebahnt, erneuern sich die Lawinen mit jedem Jahre. Der Verkehr ist gefährlich geworden und wird oft unterbrochen; die Straße wird jedes Jahr beschädigt, die Wohnungen schweben in beständiger Gefahr, durch die Schneemassen oder durch die vom Berge herabstürzenden Felsen zerstört zu werden.

Wer wollte beim Anblicke so großen Unglückes, für das sich keine Abhilfe finden läßt, noch zu behaupten wagen, daß die Wälder keinen anderen Zweck haben, als die Erzeugung des Holzes?

Bekannt ist ferner, daß das Umsichgreifen des Treib- und Flugsandes in der Nähe von Sandwüsten und an den Meeresküsten von den Wäldern aufgehalten wird. Die Befestigung des Flugsandes ist eins der schwierigsten Probleme der Landwirthschaft. Seit 20 Jahren circa hat man in Odessa durch die Anlegung von Wäldern der Verbreitung des Flugsandes mit Erfolg Einhalt gethan.

„Vor 16 Jahren, sagt ein dortiger großer Grundbesitzer,**) bemühte ich mich, den Sand der Steppen, welcher in einer 30 Centimeter dicken Schicht die Felsen bedeckt und bei jeder Veränderung des Windes bewegliche Hügel bildete, zu befestigen. Vergeblich versuchte ich Acazien und Fichten zu pflanzen,

---

*) Vergleiche Hohenstein, der Wald S. 174 u. ff.
**) Petersburger Zeitung, Jahrgang 1861.

Nichts wollte in diesem Boden gedeihen. Endlich pflanzte ich den Firniß-Sumach oder Wunderbaum (Ailanthus), durch den es vollständig gelang, den Sand zu firiren." Nach diesem Erfolge bepflanzte er bedeutende Dünen- und Steppenflächen, welche bis dahin ganz unfruchtbar gewesen waren, mit Ailanthusbäumen. Die Bäume haben dergestalt zugenommen, daß sie in den 16 Jahren zu einem wahren Walde geworden sind, der einen beträchtlichen Nutzen gewährt. Dieser Versuch ist mit demselben Erfolge von mehreren Grundstücksbesitzern der Umgegend nachgeahmt worden. Jetzt beabsichtigen der Graf Lambert, der General v. Burnod und einige Andere, diese große Pflanzungen in der Weise nutzbar zu machen, daß sie die Züchtung der Seidenraupen, welche dort im Freien möglich ist, auf den Ailanthus-Bäumen zu betreiben beabsichtigen.

An anderen Meeresküsten kennt man außer dem überaus nützlichen Elymus arenarius kein besseres Mittel, die fruchtbaren Felder vor der allmäligen Versandung zu schützen, als geschlossene Waldungen, und hat man in Ost- und Westpreußen hinreichend Gelegenheit gehabt, sich, nachdem es leider zu spät war, von der Wichtigkeit der Waldungen zu überzeugen. Da wir in Mitteldeutschland von diesen Uebeln entweder gar nichts oder in sandigen Gegenden nur wenig zu leiden haben, so werden hier zwei Beispiele mehr sagen, als eine weitläufige Auseinandersetzung vermöchte.

In Aegypten beschützt ein dichter Palmenwald die fruchtbaren Gegenden am Nil vor dem Umsichgreifen des vom Winde aufgewirbelten feinen Sandes und dient dem Ackerbau als schützender Wall vor dem Fortschreiten der beweglichen Sandhügel. Auf der Südwestseite der Sahara macht dagegen der Flugsand reißende Fortschritte, da hier die schützenden Wälder fehlen.

Interessant sind ferner neuere Beobachtungen, denen zufolge die landwirthschaftliche Cultur und die Schonung und Anpflanzung der Wälder das einzige, auf die Dauer helfende Mittel gegen Heuschrecken sein sollen.

Ein Artikel des Practischen Wochenblattes*) folgert dies aus der Erfahrung, welche man in Smela (dem Russischen Möglin) im Gouvernement Kiew, gemacht. „Smela hat seit vielen Jahren Nichts von Heuschrecken gelitten, die dort sonst regelmäßig jedes Jahr in starken Zügen ankamen, und auch die

---

*) Allgemeine deutsche landwirthschaftliche Zeitschrift (Neubrandenburg) 1862.

den Rübensaaten so verderblichen Rüsselkäfer (Curculionides) wüthen dort nicht so arg, wie in anderen Gütern des Kiew'schen Gouvernements. Es ist dies nicht etwa ein bloßer Zufall, sondern hat seinen Grund einerseits in der sorgsameren Bearbeitung des Smelaischen Bodens, andererseits in der schachbrettartigen abwechselnden Lage von Wald und Feld. Wenn einst das Kiew'sche Gouvernement und zumal die südlichen Gouvernements durch die Zauberkraft des Pfluges in einen Garten, wie Smela, verwandelt sein werden, wenn anstatt der stachlichen Disteln, der stolzen Königszerze, des bitteren Wermuths, die friedlichen Ansiedler aus dem Geschlechte der Gräser und Leguminosen und andere nützliche Gewächse getreten sein werden, wenn sich mitten in den Steppen Waldfestungen mit Besatzungen von Meisen, Dohlen, Krähen und Staaren erheben werden, dann werden auch die Heuschrecken nicht mehr der Schrecken der Landwirthe sein und die Verwüstungen und jährlichen Verluste so tief einschneidend in den Wohlstand aller Schichten der Bevölkerung ein Ende haben; Heuschrecken werden dann, so hofft man, nur noch in das Reich der Fabeln und Mährchen gehören und nur in den Sammlungen der Entomologen zu finden sein.

Dem aufmerksamen Beobachter werden noch manche locale Einflüsse des Waldes bemerkbar werden, sobald er nur mit dem rechten Verständnisse an die einfachen Fragen herantritt. Die zahlreichen Wechselwirkungen, welche zwischen unseren klimatischen Verhältnissen und localen Ursachen statt finden, bilden eine eng verbundene Kette. Wird ein Glied davon gelöst, so wird der ganze Zusammenhang und damit die beabsichtigte Wirkung zerstört. Wir werden später Gelegenheit nehmen, die wirthschaftliche Thätigkeit, in sofern sie mit dem Waldbaue zusammenhängt, einer ausführlichen Betrachtung zu unterwerfen, für jetzt können wir uns indeß nicht versagen, schon im Voraus diejenigen Nachtheile für Handel und Gewerbe zu beleuchten, welche aus einer Umänderung der klimatischen Zustände entspringen, und glauben wir, daß für ihre anticipirte Darstellung gerade hier der geeignetste Ort sich darbiete. Mit den klimatischen Veränderungen erhalten nämlich in der Regel alle gewerblichen Bestrebungen des Volkes einen anderen Character. Wie der Landbau unter ganz neuen, ungewohnten Witterungseinflüssen arbeitet und die Cultur mancher Nutzpflanzen und die Zucht mancher Hausthiere aufgeben muß, welche früher besser gediehen: so bekommt der Industrielle die zu verarbeitenden Rohstoffe in geringerer Quantität und schlechterer Qualität. Man fragt z. B., warum in Nordamerika die Frauen jede Woche waschen, woher der große Bedarf an fettigen Substanzen, z. B. nur allein an Haaröl, rührt, warum in Nordamerika in Europa gefertigte Meubles in kurzer Zeit unbrauchbar werden, und warum der Holzarbeiter dort viel stärkeren Leim als in Europa braucht? Der Naturforscher sagt uns, daß dies Alles von der großen Trockenheit der Luft herrühre und daß diese größere Trockenheit in Nordamerika mit der fortschreitenden Entwaldung zunehme. Und doch sind das erst unbedeutende Kleinigkeiten; bei weiter gehenden Lichtungen des Waldes treten gar häufig so mächtige Störungen des ursprünglichen Klima's ein, daß die darauf basirte Industrie bis zum völligen Stocken gestört werden kann. Die Elasticität des menschlichen Erfindungsgeistes reicht dann nicht allemal aus, die eingetretenen Störungen genügend auszugleichen, und der Mensch unterliegt im Kampfe mit den entfesselten Elementen.

Man braucht, um diese Erscheinungen zu studiren, nicht in ferne Länder zu gehen, die Heimath bietet derartige Erscheinungen in hinreichender Menge, als der prüfenden Volkswirthschaft lieb sein muß. Der rasch dahinfließende Bach treibt das Mühlrad, um die nährenden Getreidekörner zu zermalmen, um Bretter zu schneiden, Oel zu stampfen; er hebt den mächtigen Eisenhammer mit seinen gewichtigen Schlägen, und setzt durch das große Treibrad die vielen kleinen Rädchen aller der Fabriken in Bewegung, welche den gewerblichen Wohlstand eines Landes begründen. Mit der Beseitigung der Wälder, ja schon mit der geringeren Pflege derselben, verschwinden die kleinen Wasserrinnen, der Quell versiegt und der Bach ist nicht mehr im Stande, der schaffenden Industrie nach den Gesetzen der Schwere den billigsten Motor zu liefern. Da steht das Rad endlich still, und um nicht feiern zu müssen, greift die Industrie zum Nachtheile der Producenten und Consumenten zur Dampfkraft. Und der Bach wird zum Flusse, und der Fluß zum Strome. Auf seinem Rücken trägt er die stolz bewimpelten Schiffe dem Meere zu und befördert die Producte des Gewerbfleißes, wenn auch langsamer, doch billiger, als der von der theuern Dampfkraft gezogene Bahnzug. Seit uralten Zeiten schon bilden schiffbare Ströme die einfachsten und natürlichsten Wege, welche Menschen und Güter zu einander führen, und wo die Bodenbeschaffenheiten und der vorhandene Wasserreichthum es irgend erlaubten, ist man in industriereichchen Ländern bemüht gewesen, die Zahl der billigen Wasserstraßen durch Canäle zu vermehren. Wir wollen den Unternehmungsgeist einer Nation nicht mit der Meilenzahl ihrer natürlichen und künstlichen Wasserstraßen messen, beachtenswerth bleibt es aber doch, daß der Verkehr um so belebter sich gestaltet, je mehr ihm bequeme Transportmittel zu Gebote stehen. So beträgt die Länge der schiffbaren Canäle in England über 2500 Meilen, während die der schiffbaren Flüsse auf kaum 1800 Meilen sich beläuft; Frankreich hat an Canälen gegen 500 Meilen, Amerika über 4000 Meilen aufzuweisen. Was Holland seinen künstlichen Wasserstraßen verdankt, ist bekannt, und selbst China, für alle industriellen Nationen der Inbegriff des stabilsten Festhaltens an dem Althergebrachten, ersetzt durch seine zahlreichen Canäle Straßen und Eisenbahnen, und hat auf denselben einen Binnenhandel, der in dem weiten Reiche für den Mangel des auswärtigen Handels reichlich schadlos hält.

In Deutschland ist das Canalwesen allerdings nur mittelmäßig entwickelt und bleibt uns dafür noch Manches zu thun übrig. Die Hauptzeit der Canäle ist indeß durch die Eisenbahnen der Vergangenheit überwiesen worden, und so wenig es uns auch beikommt, an gewissen günstigen Orten, z. B. bei der Verbindung von zwei schiffbaren Flüssen, den Vortheil eines Canals in Zweifel zu ziehen, so wird man doch in den meisten Fällen der Erbauung einer Eisenbahn den Vorzug geben. Ist auch die Anlage einer solchen in der Regel etwas theurer, als die eines Canals, so ist doch der Vortheil nicht außer Betracht zu lassen, daß die Eisenbahn bei der größeren Schnelligkeit den Transport auch während der drei bis vier Wintermonate vermittelt.

Dagegen dürfen wir nie die Bedeutung derjenigen Wasserstraßen vergessen, welche uns als Geschenk der Natur zu Theil geworden sind. Die Flüsse sind für eine große Anzahl von Handelsgegenständen, wie Holz, (als Brenn= und Baumaterial), Stein= und Braunkohlen, Torf, Bausteine, Getreide, Obst, Roheisen, Guano, Farbehölzer, Colonialwaaren u. s. w., immer noch vorzugsweise Transportmittel geblieben, weil diese Verbrauchsgegenstände keine hohe Steigerung des Preises durch die Transportspesen vertragen.

Wir haben bereits nachgewiesen, wie sehr die Wälder befähigt sind, die fließenden Gewässer eines Landes auf mittlerem Stande zu erhalten.

Während der heißen und dürren Sommertage bringt dann das Rad der Mühle und der Fabrik seine lange Ferienzeit ebenso träumerisch hin, wie das vor Anker liegende Schiff mit seinen Masten und und dem klappenden Segel zum Fragezeichen über sein langes Stillliegen wird. Wenn dann aber durch die verheerenden Regengüsse die Bäche und Ströme sich plötzlich füllen, um ebenso schnell wieder auf den frühern trostlosen Stand zurückzusinken, so wird der momentane Ueberfluß der Industrie und dem Handel nicht zum Segen, sondern nur zum Schaden. Denn wenn dann die Schiffe die durch die Hochfluth versandete Fahrstraße nicht mehr passiren können, wenn die erhöhten Transportkosten zum Nachtheile der Producenten die Waaren vertheuern und den Absatzkreis dadurch vermindern, so sucht man nicht den Grund in dem vernachläßigten Stande der Waldungen und in der Holzverschwendung, nein, der Staat hat den Fluß zu reguliren, die kostspieligen Uferdämme zu bauen; der Handel muß durch seine Zölle das wieder ersetzen, was von anderen scheinbar ganz Unbetheiligten verschuldet worden war.

So war nur in den trockenen Sommern der Jahre 1856—1859 der niedrige Stand der Elbe die Ursache, daß die in Dresden geladenen Steinkohlen nicht nach Magdeburg und weiter stromabwärts befördert werden konnten. Die dortigen Fabrikherren und Händler waren dadurch genöthigt, ihren Bedarf per Eisenbahn von Zwickau zu beziehen. Die Folge war ein höherer Preis der Steinkohlen an den Lieferungsorten des theuern Transports, aber auch in einzelnen Bergwerken der größern Nachfrage wegen. Steigende Steinkohlenpreise werden aber wieder eine geringere Schonung der Waldungen herbeiführen, die dann natürlich das Uebel nur verschlimmern wird. — Die sächsischen Sandsteine aus der Umgegend von Pirna, die Granite und Porphyre der oberen Elbe gehen auf diesem Strome bis nach Magdeburg und Hamburg, die ersteren sogar bis England. Die Behauptung: „Wenn in Böhmen viel Holz gerodet wird, steigen die Bausteine in Hamburg im Preise", klingt paradox, sogar lächerlich, dürfte aber vollkommen richtig sein.

Man vergleiche ferner beispielsweise den Elbverkehr mit dem der concurrirenden Berlin-Hamburger Eisenbahn.

Auf der Bahn passirten Wittenberge
1851 2,613000 Ctnr. = 100%. 1859 7,007000 Ctnr. = 268%.

Auf der Elbe wurden an derselben Stelle declarirt
1851 8,039000 Ctnr. = 100%. 1857 11,066,000 Ctnr. = 137%.

Es ist nicht zu verkennen, daß an dieser relativen Abnahme des Elbverkehres gegenüber der Eisenbahnfracht die total unwirthschaftlichen Elbzölle einen großen Theil der Schuld tragen; das für den Wasserstand der Elbe ausnahmsweise günstige Jahr 1860 hat aber bewiesen, daß die Elbzölle an dem Zurückbleiben der Flußschifffahrt nicht allein Schuld sind. Selbst für die Bergfahrt sank die Fracht von Hamburg nach Dresden vom normalen Satze von 10 Ngr. pro Centner auf nur 4 Ngr., ja 3 Ngr. und diese Ersparung von 6—7 Ngr. pro Ctnr. an den Retourfrachten zu Berg war geeignet, selbst die Höhe der niederelbischen Elbzölle zu übertragen und eine Menge von Gütern, die längst von der Elbe sich weggewendet hatten und nur noch der Eisenbahnen sich bedienten, ausnahmsweise wieder auf die Elbe zu bringen und der Bergschifffahrt zuzuführen.

Es betrug die Gesammtmenge der zu Berg und Thal nach, aus und durch Sachsen verschifften Waarenartikel:

im Jahre 1858   10,115,708 Ctnr. = 100%.
„   „   1859   8,459,922   „   = 83%.
„   „   1860   12,904,944   „   = 129%.

Jede Verwüstung des Waldes rächt sich durch vermindertes Gedeihen der menschlichen Arbeit, und mit dieser hängt die Wohlfahrt der ganzen menschlichen Gesammtheit auf das Innigste zusammen. Es wird daher die geschichtliche Erfahrung nicht mehr befremden, daß die Nationen, welche ihre Waldungen unvernünftig niederschlagen, nicht nur physisch zurückgehen, sondern auch in industrieller Beziehung den Wettbewerb mit anderen günstiger gestellten Völkern auf die Dauer nicht auszuhalten vermögen.

Ehe wir jedoch den frischen, lebendigen Wald verlassen, sei noch eines wesentlichen Nutzens gedacht, der sich zwar nicht nach Procenten berechnen läßt, der auch nicht so in die Augen springt, aber doch wichtig genug, vielleicht wichtiger ist, als alle vorher erwähnten Wirkungen. Es ist dies der sittlich belebende, zum Gefühle und zum Herzen sprechende Eindruck, den der Wald in seiner ganzen Fülle auf den Menschen macht. Ueberall, wo die Natur in ihrer ganzen Größe wirkt, ist sie schön. Sei es das Meer, sei es ein Gebirge, eine schöne Landschaft, ein Wasserfall; selbst in ihrer furchtbaren Gestalt, im Gewitter und Sturme, bleibt die Natur erhaben. Und nun der Wald, mit seinem mächtigen Rauschen, seinem geheimnißvollen Dunkel, seinem leisen Blättergeflüster! Wer hätte nicht als Kind schon den Eindruck an sich verspürt, den die Erhabenheit des Waldes auf ihn macht! Man sagt, wir Deutschen seien Schwärmer. Nun wohl! Wenn es uns angeboren ist, so wollen wir uns auch natürlich geben, wir wollen es bleiben. — Beschreibungen der prächtigen Flora der Tropen führten manchen Deutschen nach jenen heißen Ländern, und dort angekommen, sehnten sie sich nach ihren vaterländischen Wäldern zurück. Der einzelne Baum der Tropenwelt, vorzüglich die Palme, mag für sich allein an Schönheit jeden unsrer Waldbäume übertreffen, der Gesammteindruck aber, den besonders unsre Laubwälder zugleich durch ihre Erhabenheit und Lieblichkeit gewähren, wird nach dem übereinstimmenden Urtheile der Reisenden von keinem Palmenwalde übertroffen. —

Je nach dem Erwerbe und je nach der Heimath wechseln Character und Anschauungen der Bewohner. Der Sohn der Küste ist ein anderer, als der der Steppe; der Gebirgsbewohner unterscheidet sich nach Sitten und Gebräuchen von dem Insassen des Flach- und Hügellandes. Doch das Kind des Waldes saugt von Jugend auf in der innigsten Berührung mit der majestätischen, sich frei entfaltenden Natur des Waldes einen großen Vorrath natürlicher Kraft in sich auf. Die herrlichsten Sagen und Mythen sproßten in den Wäldern, der echtdeutsche, für alles Schöne empfängliche Sinn gedeiht am herrlichsten auf waldbewachsenem Boden.

Und deutsche Dichter besangen und verherrlichten den Wald so sinnig, wie kein zweites Volk; sie erkannten und fühlten, daß der Wald mit dem deutschen Character innig verwachsen, daß das sinnige Gemüth und die ideal-poetische Anschauung der deutschen Nation von dem Waldleben unserer Altvordern abstammt und in uns zu Fleisch und Blut geworden ist. Sollen wir unsere Dichterheroen zu Hilfe rufen, sollen wir an Göthe's meisterhafte Schilderung: „Unter allen Wipfeln ist Ruh'" erinnern? Wir nehmen nur den Schluß des Waldliedes aus der Rose Pilgerfahrt von Horn:

> Bist Du im Wald geblieben,
> Wenn's still zum Abend wird,
> Und durch die dunklen Tannen
> Der letzte Lichtstrahl irrt?

> Bist Du im Wald geblieben,
> Wenn sich das Mondenlicht,
> Wie eine Silberbinde,,
> Um jedes Bäumchen flicht?
>
> Hast Du da, an dem Herzen
> Des Waldes angedrückt,
> Nicht selig froh zum Himmel
> Dein Nachtgebet geschickt?
>
> O Herz, wenn Dich die Menschen
> Verwunden bis zum Tod,
> Dann klage Du dem Walde
> Vertrauend Deine Noth!
>
> Dann wird aus seinem Dunkel,
> Aus seinem Wundergrün
> Beseligend zum Herzen
> Des Trostes Engel ziehn.

Und wer fühlte nicht das Bedürfniß, von Zeit zu Zeit aus den verweichlichenden, Geist und Gemüth erlahmenden Geschäften der großen Städte hinauszufliehen, um sich wieder neue Kraft und frohe, gesunde Stimmung im Anschauen der mit frischer, grüner Pflanzenschöpfung gesegneten Landschaft zu holen! Das Herz wird freier und friedlicher in der Waldeinsamkeit, es verjüngt sich, wo Alles keimt und knospt, es kräftigt sich in dem erhabenen Dome, zu dem sich die Wipfel der Bäume vereinen.

In seinem bekannten Werke „Land und Leute" sagt Riehl: „Es ist eine matte Defensive, welche die Fürsprecher des Waldes ergreifen, wofern sie lediglich aus ökonomischen Gründen die Erhaltung des gegenwärtigen mäßigen Waldumfangs fordern. Die socialpolitischen Gründe wiegen mindestens eben so schwer. Haut den Wald nieder, und ihr zertrümmert die historischbürgerliche Gesellschaft. In der Vernichtung des Gegensatzes von Feld und Wald nehmt ihr dem deutschen Volksthume ein Lebenselement. Der Mensch lebt nicht vom Brote allein. Auch wenn wir keines Holzes mehr bedürften, würden wir doch den Wald brauchen.

Das deutsche Volk bedarf des Waldes, wie der Mensch des Weines bedarf, obgleich es zur Nothdurft vollkommen genügen mag, wenn sich lediglich der Apotheker ein Viertelohm in den Keller legte. Brauchen wir das dürre Holz nicht mehr, um unseren äußeren Menschen zu erwärmen, dann wird dem Geschlechte das grüne, in Saft und Trieb stehende zur Erwärmung seines inwendigen Menschen um so nöthiger sein.

Darum ist auch der Gebirgsbewohner mitten in seinen Wäldern am einfachsten und natürlichsten geblieben, wenn nicht Speculation und berechnendes Fabrik- und Industriewesen bis in die Tiefen seines Waldes, bis an seine Hütte gedrungen sind.

Doch deshalb brauchen wir in unserm Vaterlande keinen einzigen Baum da stehen zu lassen, wo der Pflug mit mehr Nutzen seine Furchen ziehen kann. Es bleiben der schönen deutschen Erde noch Stellen genug, wo wir uns der Erhabenheit des Waldes mit vollem Herzen hingeben können. Nur muß dann aber auch der Anblick des Waldes ein solcher sein, daß er wirklich ein Meisterstück der schaffenden Natur darstellt; öde Holzgründe werden Niemanden zur Begeisterung hinreißen.

V.
Die wirthschaftliche Wichtigkeit des Waldes.

Wie in allen Dingen so offenbart sich die Weisheit der Schöpfung auch bei dem Walde in der engen Verkettung des Zweckmäßigen mit dem Nützlichen, in der entsprechenden Wechselwirkung von Ursache und Folge. Derselbe Wald, welcher zur Milderung klimatischer Extreme unentbehrlich ist, welcher uns gesund und kräftig bleiben läßt, den Feldern die befruchtende Feuchtigkeit vermittelt, Bäche und Flüsse auf ihrem Niveau erhält, derselbe Wald liefert uns eine Menge der nützlichsten Rohmaterialien, die für unser materielles Wohlbefinden gleich unentbehrlich sind. Voran steht hier, wie Jedermann weiß, das Holz.

Es kann dem Verfasser nicht beikommen, die Bedeutung des Holzes des Längern und Breitern zu erörtern, obgleich zu wünschen wäre, daß jeder Waldbesitzer, der mit seinem Bestande schonungslos verfährt, sich eine solche Frage recht ernstlich stellte. Es ist eben so wenig nothwendig, die traurigen Folgen eines absoluten Holzmangels, der für uns doch wohl eine Unmöglichkeit wäre, zu schildern, noch die Holzpreise jener Länder anzuführen, in denen durch unvorsichtige Rodungen die Anzahl der mit Waldungen bedeckten Aecker sehr gering geworden ist. Es würden dabei, wie z. B. in England, ganz enorme Zahlen zum Vorschein kommen, allein die Angabe wäre nicht genau, weil dort das Geld einen geringeren Werth als bei uns hat. Es soll blos darauf hingewiesen werden, daß das Holz manchmal tiefer in unsre Verhältnisse eingreift, als man auf den ersten Blick glauben sollte.

1. Das Brennholz.

Das Holzbedürfniß richtet sich nach verschiedenen Factoren. In erster Linie sind hier das Klima und die Volkszahl, die vorhandene

Industrie und die Consumtionssitte zu betrachten, da man, was letztere betrifft, mit dem Holze meist um so verschwenderischer umgeht, je wohlfeiler es ist. Sind dagegen in einem Lande Brennholzsurrogate in aufgeschlossenen Stein- und Braunkohlenlagern, in Torfmooren u. s. w. vorhanden, und behauptet das Holz einen hohen Preis, so vermindert sich die Brennholz-Consumtion. Wie Roscher*) treffend nachweist, kann indeß eine Holzverschwendung, welche nur auf ungründlicher Ernte, bequemer Verarbeitung, leichter Bauart und extensiver Landwirthschaft beruht, nicht immer als unökonomisch bezeichnet werden. Man opfert das wohlfeile Holz auf, um an theueren Gütern, namentlich Arbeit, zu sparen, obschon wie in anderen menschlichen Dingen, so auch hier mancher Zustand aus Trägheit fortdauert, nachdem seine Zweckmäßigkeit, richtig berechnet, lange verschwunden ist. Dagegen bildet die Holzverschwendung, welche in Blockhäusern, Schindeldächern, Spanlichtern und schlechten Öfen besteht, nicht blos ein Symptom, sondern auch eine Ursache niedriger wirthschaftlicher Cultur, zumal wegen ihrer großen Feuergefährlichkeit. Wie die meisten Fortschritte, so ist auch die Holzersparung das Kind einer heilsamen Noth. Sie zeigt sich namentlich, außer im Gegensatze gegen die ebenerwähnten Verschwendungsformen, durch mehr entwickelte Gebrauchstheilung und Vereinigung, sowie Einführung der Geldwirthschaft statt der Naturalwirthschaft auch beim Holze; ferner durch die eifrige Benutzung aller Holzsurrogate und intensivere Forstwirthschaft."

Alle bedeutenden Holzausrodungen und Waldverwüstungen führen in kürzerer oder späterer Zeit zu Holzmangel. Diese Wirkung ist eine so in die Augen fallende, daß zu ihrer Würdigung nur wenige Worte nöthig sind. Das Holzbedürfniß hat sich bei uns in den letzten 50 Jahren vollkommen verändert. Unsere Großältern lebten in Zeiten, wo in den Städten häufig, auf den Dörfern fast alle Wohnungen aus Holz gebaut, die Dächer mit Schindeln gedeckt, die Brücken aus Holz verfertigt waren. Alles Meublement bestand damals massiv aus Holz, der Fußboden in den Gemächern angesehener Personen nicht aus Parqueten, sondern aus aftreinen

---

*) Roscher, Nationalökonomik des Ackerbau's. System der Volkswirthschaft, Bd. II. Seite 505.

schönen, breiten Dielen. Viele Geräthschaften, die wir jetzt der längeren Dauer wegen mit Vortheil aus Eisen fertigen lassen, bestanden damals aus Holz. Bedenkt man ferner die ungeheueren Öfen der Haushaltungen, Bäckereien, Brennereien und Fabriken, die mit der doppelten Holzmenge das nicht erreichten, was die unsrigen leisten, so ist es nicht zu verwundern, wenn bei dem geringen Verbrauche von Stein- und Braunkohlen die Wälder immer mehr und mehr gelichtet wurden. Je stärker sich aber das Bedürfniß eines Artikels herausstellt, desto höher steigt auch der Preis, und wie bedeutend dies beim Holze gewesen ist, mag folgende kleine Tabelle erläutern, die der ausgezeichneten Staatsforstwirthschaftslehre des Oberforstrathes von Berg entlehnt ist.

Nach den Rechnungsbüchern auf dem Weißeritzholzhofe zu Dresden stellt sich der Preis nach den verschiedenen Jahren folgendermaßen heraus:

	Buchen-Scheitklafter, (⁸/₄ ellig).	Weiche Scheitklafter (⁸/₄ ellig).
im Jahre 1625	1 Guld. 19 Gr.	1 Guld. 11 Gr.
„ „ 1668—1670	1 „ 11 „	1 „ 3 „
„ „ 1725	2 Thlr. 16 „	1 Thlr. 8 „
„ „ 1750	5 „ — „	2 „ 23 „
„ „ 1775	4 „ 18 „	2 „ 13 „
„ „ 1800	6 „ 16 „	3 „ 20 „
„ „ 1825	8 „ 21 „	5 „ 20 „
„ „ 1850	10 „ 16 „	6 „ 20 „
„ „ 1860	10 „ 25 „	7 „ — „

In neuerer Zeit ist dieser enorme Holzpreis, der für Arme beinahe unerschwinglich genannt werden kann, die Ursache mehrerer lobenswerther Verbesserungen geworden. In vielen Stücken ist das Holz mit Vortheil durch Eisen ersetzt worden. Die Aufschließung und Entdeckung der vielen Stein- und Braunkohlenlager, sowie die Torfgrabereien haben eine Masse von Brennmaterial geschaffen, das den Brennholzverbrauch bedeutend eingeschränkt hat. Mit den Feuerungsapparaten beschäftigt man sich fortwährend. Von Jahr zu Jahr werden neue Verbesserungen bekannt, die den Berichten nach so und soviel Procent Holz ersparen sollen. Und trotz alledem steigt der Holzpreis doch; denn die einzelnen Erscheinungen, wo man ein Fallen des Preises bemerkt haben will, sind nur an Localitäten gebunden und waren durch eine an einem Orte zufällig aufgehäufte Holzmenge bewirkt worden. Es beweist dies mehr als alles Andere, einmal, daß sich das Holz in vielen Fällen doch durch keine Mittel ersetzen läßt, andererseits aber, daß die Holzmenge noch nicht producirt wird, die das Bedürfniß, sei dies nun ein wirkliches oder ein eingebildetes, erheischt. Wenn früher nachgewiesen worden ist, daß die Waldungen sich noch nicht in dem Zustande befinden, der möglich ist, so braucht nicht besonders erwähnt zu werden, daß diese auch dann keineswegs die mögliche Menge Holz hervorbringen werden.

Die Waldproducte haben fast ohne Ausnahme ein viel größeres Volumen, als Feldproducte von gleichem Werthe, und daraus folgt die Schwierigkeit, einen weiten Transport derselben ohne allzu empfindliche Preiserhöhung bewerkstelligen zu lassen. Je größer die specifische Wärmekraft eines Baumes, um so weiter vom Markte kann er producirt werden. Noch tansportabler ist das Bauholz, oder gar die edleren Werkhölzer. Kohlenbrennereien haben den Erfolg, die geographisch abgelegenen Wälder ökonomisch dem Markte zu nähren, weil das gut verkohlte Holz an Gewicht und Umfang bedeutend mehr verliert, als an Wärmekraft. Je größer die Entfernung, auf desto kleineres Volumen müssen dann die Waldproducte reducirt werden, und können aus großer Ferne nur noch Harz, Theer, Pech, ganz zuletzt noch Pottasche bezogen werden. Das Brennholzbedürfniß kann indessen selbst auf dem Wege des provinzialen Verkehres nur selten befriedigt werden, und erklärt sich daraus die große Verschiedenheit, welche zuweilen im Holzpreise von Gegenden obwaltet, die gar nicht weit auseinander liegen. Hier hat unsere in Bezug auf die Verkehrsmittel so weit fortgeschrittene Zeit noch nicht vermocht, die höhere wirthschaftliche Culturstufe der internationalen Arbeitstheilung zu betreten.

Daher ist es sicher zu empfehlen, daß überall da, wo billige Surrogate vorhanden sind, das Holz nicht ausschließliches Feuerungsmaterial werde. Wir möchten sonst Zustände bei uns herbeiführen, wie sie uns Roßmäßler in der Zeitschrift „Natur" von Spanien schildert.

Spanisches Brennholz, sagt der unermüdliche Vertheidiger des Waldes, was ist das? Woher kommt auf der Steppe von Almazaron der köstliche Wohlgeruch? Rings um mich her sehe ich nichts, als die krausen Grasstöcke des Esparto und einige Thymianstöckchen. Sollten letztere die Verbreiter des Wohlgeruches sein? Und was ist das wieder? Da tauchen plötzlich vor mir aus einer kleinen Vertiefung der Steppe wandelnde Gebüsche empor. Sie werden immer höher, und endlich sehe ich darunter die langen Ohren des Esels und vier Eselsbeine erscheinen.

Besieh Dir nur die hochaufgethürmte Last der Esel näher. Es sind ansehnliche Büsche von Rosmarin, Lavendel und Thymian, so groß die Pflanzen auf den spanischen Sierren nur immer werden können. Aber wozu diese Unmasse der duftenden Büsche? Sind sie bestimmt, Essenzen daraus zu bereiten?

Gehe nur hin in die alte Maurenstadt Almazaron! Dort findest du in den ärmlichen noch stehenden Häusern — denn viele liegen als Steinhaufen daneben — in den kargen Tiendas, neben Orangen und Knoblauch, spanischem Pfeffer und Feigen, Speck und ranzigem Olivenöl, auch kleine Bündel, kaum ein Pfund schwer, von diesen Büschen zum Verkauf gestellt. Aber nicht zu so ätherischem Gebrauche. Es ist — spanisches Brennholz.

Du schüttelst den Kopf und siehst ungläubig nach den nackten, kahlen Gehängen der Sierra de Almazaron, von welcher die Esel mit ihrer Last herabkommen.

Wohin Du siehst, Du siehst keinen Baum, keinen Strauch, nur in der unmittelbaren Nähe der Stadt, die eine spärliche Bewässerung erquickt, stehen einige Feigenbäume und Ogunbiagebüsche. Aber strenge Deine Augen nur bis zur mikroskopischen Schärfe an: Du siehst auf der Sierra winzige, dunkle Pünktchen. Das sind die immergrünen Büschchen, die man dort mit Lebensgefahr herabholt, um wenigstens einiges Brennholz zu haben."

Die fruchtbaren Ebenen der Ukraine, d. h. also in Rußland, das sich die Phantasie des Unkundigen in der Regel ganz mit Waldungen bedeckt denkt, fehlen die Wälder seit uralten Zeiten. Die Bevölkerung ist zu indolent, um die Mühe einer allmäligen Bewaldung sich nicht verdrießen zu lassen. Doch es herrscht dort gänzlicher Holzmangel; der größte Theil der Bevölkerung verbrennt nun Kuhmist. Das Haus des begüterten Mannes und die Öfen der Bäcker werden mit Roggenstroh geheizt. In der Wohnung der Reichen besteht das Heizungsmittel in Branntwein, den man verbrennt. Doch Wälder werden nicht angelegt.

Die Jahrbücher der Forstwirthschaft (1843) erzählen von den Departements der Ardêche und Loire die traurigsten Folgen unbedachtsamer Entwaldung. Die Landstrecken, welche entwaldet worden sind, sind heutzutage gänzlich unfruchtbar und umfassen bereits ungefähr den dritten Theil der Territorialfläche des Departements oder 170,000 Hektaren (etwa 471,700 Morgen). Die Sand- und Kiesmassen, die von den Bergen herabgerutscht sind und das gute Land bedecken, erstrecken sich bereits über 29,000 Hektaren (ungefähr

80,500 Morgen). Hier giebt es aber auch ganze Gegenden, wo die Bewohner aus Mangel an Holz mit Rasenstücken kochen müssen, die an der Sonne getrocknet werden und beim Verbrennen einen unausstehlichen Dampf und Geruch verbreiten. Dazu kommt, daß diese Gegenden 3000—3600 Fuß über der Meeresfläche liegen und sechs Monate im Jahre mit Schnee bedeckt sind. Die gänzliche Entblößtheit hat den Boden durchaus unfruchtbar gemacht, und die Lage dieser Leute, die, nachdem sie ihre Berge entwaldet haben, hartnäckig darauf bestehen, sie auch ferner bewohnen zu wollen, ist geradezu schrecklich geworden.

Die Hauptbestimmung des Holzes war von Haus aus und ist es heute noch, durch rasche Umsetzung in Kohlensäure Wärme zu entwickeln und sind alle jene Waldungen ihrem ursprünglichen Zwecke gemäß aufgebraucht worden. Die Bequemlichkeit und Sorglosigkeit ließen nur nicht an die kommenden Geschlechter und deren Holzbedürfnisse denken. Für die damalige Bewohnerzahl solcher Länder würde das vorhandene Waldareal bei nur einiger Pflege sicher auch starken Ansprüchen der Bevölkerung in Bezug auf Brenn-, Bau- und Nutzholz entsprochen haben, seitdem aber die Summe der Consumenten sich mindestens verdoppelt hat, wird es für manchen District dringend Zeit, daß die Consumtion des Holzes als Brennholz möglichst eingeschränkt und das unentbehrliche Material als Bau- und Nutzholz aufgespart werde. Eine Verschwendung des Holzes wird dann allemal zu übertriebenen Ansprüchen an den Wald und dadurch zu übertriebenen Rodungen führen.

Da wo mineralische Brennstoffe vorhanden sind, und wo Gelegenheit gegeben ist, dieselben auf Flüssen und Canälen, auf Eisenbahnen oder wenigstens bequemen Straßen billig zu beziehen, fängt man in Deutschland wenigstens immer mehr an, sich der billigeren Brennholzsurrogate zu bedienen. Man braucht dabei gar nicht einmal die Wichtigkeit des Waldes und seine wünschenswerthe Erhaltung für die Regulirung der klimatischen Zustände besonders zu betonen; der eigene pecuniaire Vortheil sollte den Waldbesitzer veranlassen, die mineralischen Brennstoffe überall da zu verwerthen, wo sie billiger geliefert werden, als das Heizäquivalent des Holzes.

Wie bekannt, vermögen nicht alle Brennstoffe bei gleichem Volumen und bei gleichem Gewichte gleich große Wärmemengen zu erzeugen, weil dieselben verschiedene chemische Zusammensetzungen haben und von den einzigen brennbaren Bestandtheilen, Wasserstoff und Kohlenstoff, sehr wechselnde Mengen enthalten.*) Wenn die Heizkraft des Holzes zwischen 3—4000 Wärme-Einheiten schwankt, so ist nicht zu übersehen, daß die einzelnen Holzsorten, unter einander verglichen, die größten Unterschiede zeigen. Man nimmt an, daß in der Heizkraft 1 Klafter Fichtenholz ersetzt werde durch 1,07 Klafter Linde; 0,94 Klafter Kiefer; 0,92 Klafter Pappel; 0,91 Klafter Weide; 0,89 Klafter Tanne; 0,70 Klafter Buche; 0,665 Klafter Birke; 0,65 Klafter Ahorn; 0,635 Klafter Ulme, 0,59 Klafter Eiche. Nach anderen Bestimmungen läßt sich der Brennwerth verschiedener Hölzer durch folgende Zahlenverhältnisse ausdrücken; Ahorn 97, Esche 92, Buche 88, Kiefer 66, Steineiche 61, Birke 59, Stieleiche 57, Buchen-Schlagholz 57, Fichte 39, Linde 36, Erle 32, Tanne 29. Die Eigenschaft der Hölzer, mit Flamme zu verbrennen, ist, wie schon erwähnt, für manche technische Zwecke von Wichtigkeit. Das Flammenbildungsvermögen der verschiedenen Brennhölzer läßt sich durch folgende Zahlenverhältnisse ausdrücken: Maulbeerbaum 100, Kiefer 89, Rothbuche und Esche 87, Weißbuche 85, Steineiche 75, Lärche und Ulme 72, Stieleiche 70, Birke 68, Tanne 63, Linde 55, Espe 51, Erle 46, Weide 40, Pappel 39.

Der bedeutend höhere effective Heizwerth, der besonders bei den Steinkohlen ganz evident zu Tage tritt, sollte daher um so mehr zu fast ausschließlicher Anwendung als Heizmittel veranlassen, als zwischen gleichen Gewichtsmengen Brennholz und Steinkohlen selbst in weiter Entfernung von den Lagerungsstätten in der Regel eine nicht geringe Preisdifferenz statt findet.

2. Das Holz als Baumaterial.

Weit höher stellt sich die Wichtigkeit des Holzes als Baumaterial, da es hier weit mehr an billigen Surrogaten fehlt. Zieht man eine Pa-

---

*) Wir normiren diese Berechnung durch die Annahme, daß 1 Pfund Kohlenstoff zu Kohlensäure verbrannt 8000 Wärme-Einheiten entwickle und ebenso berechnen wir für den Wasserstoff zu Wasser verbrannt per Pfund 34000 Wärme-Einheiten; hinsichtlich des Wasserstoffs ist aber zu bemerken, daß derselbe in den Brennstoffen theilweise schon an Sauerstoff gebunden vorkommt, und daß diese Quantitäten unmöglich nochmals verbrannt werden, also auch keine Wärme mehr entwickeln können; daher darf man bei Berechnung der Heizkraft eines wasserstoffhaltigen Brennstoffs nur den Wasserstoff mit in Rechnung bringen, der in dem Brennstoffe nicht an Sauerstoff gebunden vorkommt.

rallele zwischen dem Holze als Baumaterial und anderen Baustoffen, so sind als Vorzüge des Holzes hervorzuheben: seine Elasticität und Festigkeit, besonders in wagerechter Lage (relative Festigkeit, Tragbarkeit in engerem Sinne); die geringe Schwere; sein geringes Wärmeleitungsvermögen und seine Wohlfeilheit.

Es verhalten sich beispielsweise

	Absoluter Festigkeitscoëfficient auf je ein □ Centimeter Querschnittsfläche in Kilogr.	Rückwirkende Kraft gegen das Zerdrücken auf je ein □ Centimeter in Kilogr.
Schmiedeeisen	4000—6000	4900
Gußeisen	1000—1100	—
Stahl	7000—15000	—
Zink	500—600	—
Blei	120—140	145
Hölzer.		
Tanne { Rohtanne, in der Richtung der Fasern	—	405
Tanne { Weißtanne { in der Richtung der Fasern	450—700	475
Tanne { Weißtanne { senkrecht auf die Fasern	20—49	—
Buche { in der Richtung der Fasern	400—600	540
Buche { senkrecht auf die Fasern	60—80	—
Eiche { in der Richtung der Fasern	500—700	455
Eiche { senkrecht auf die Fasern	60—150	160
Esche { in der Richtung der Fasern	700—900	610
Esche { senkrecht auf die Fasern	20—50	—
Ahorn { in der Richtung der Fasern	400—500	—
Ahorn { senkrecht auf die Fasern	70—100	—
Buchsbaum, in der Richtung der Fasern	1100—1200	—
Granit	—	420
Sandstein	—	10—870
Kalkstein	15—60	94—400
Backstein	8—19	60—150
Hanfseile	390—600	—

Die relative Festigkeit ein und desselben Materials ist von zu vielerlei Nebenumständen abhängig. Im Allgemeinen kann nur als ungefähres Beobachtungsresultat mitgetheilt werden, wie groß bei verschiedenen Stoffen die Kraft oder Last sein kann, bevor der Bruch der durch die Biegung gespanntesten oder gedrücktesten Fasern erfolgt. Werden alle Dimensionen in Centimetern angenommen, so beträgt die relative Festigkeit für je ein □ Centimeter: bei Eichenholz 675 Kilogr., bei Tannenholz 600, bei Gußeisen 1800—3000, bei Schmiedeeisen 4000—6000, bei Blechröhren 3500.

Hinsichtlich der Torsionsfestigkeit verhalten sich Stahl, Schmiedeeisen, Gußeisen und Holz wie 34 : 27 : 20 : 2.

Folgt aus den angeführten Zahlenreihen der Vorzug des Holzes als Baumaterial von selbst, so sind freilich seine geringere Dauer und die Feuergefährlichkeit als weniger günstige Eigenschaften zu nennen. Die erwähnten Vorzüge *) sind aber unter gewöhnlichen Verhältnissen — besonders, wenn es sich um Anlage gewerblicher und landwirthschaftlicher Gebäude oder um Räume für vorübergehende Zwecke handelt — entschieden überwiegend über die Nachtheile, und deshalb wird das Holz nicht nur bei sogenannten massiven Gebäuden zu Decken, Fußböden, zu leichten Scheidewänden, zu Dachgerüsten und zu dem sogenannten Ausbaue (Treppen, Thüren, Fenster 2c.), sowie zu Einfriedigungen (Zäunen), allgemein verwendet, sondern es wird bei Gebäuden untergeordneten Ranges meist als ausschließliches Baumaterial gebraucht. Für den Wasserbau (Roste, Dämme, Brücken 2c.) besitzen wir im Holze ein Material, welches sich selbst durch Eisen nicht in allen Fällen ersetzen läßt. Daß trotz dieser Vorzüge des Holzes, dennoch die meisten Gesetzgebungen den Holzbau (besonders in den Städten) mehr oder weniger beschränken, findet nur in der Feuergefährlichkeit des Holzes Entschuldigung. Ueberdieß sind der immer mehr fühlbar werdende Mangel und der deshalb fortwährend steigende Preis des Holzes ebenfalls sehr wesentliche Ursachen, daß die Anwendung des Holzes zum Bauen abgenommen hat. Besonders bei Bautheilen, die auf größeren Weiten frei liegen, z. B. bei Balken und Trägern, ist in der Neuzeit das Eisen ein sehr bedeutender Rival des Holzes geworden. Daß der eigentliche Holzbau recht wohl auch einer ästhetischen Ausbildung fähig ist, beweisen die auf uns gekommenen Fachwerksgebäude des Mittelalters (Braunschweig, Halberstadt, Wernigerode, Stendal, Salzwedel 2c.); obgleich die geringe Dauer des Holzes nur eine beschränktere Ausbildung der Formen zuläßt. Ebenso wenig ist außer Acht zu lassen, daß unter gewissen Verhältnissen durch die geringere Dauer des Holzbaues, durch die in kürzeren Zeiträumen nöthig werdenden Reparaturen, sowie durch die

---

*) Eine ganz vortreffliche Vergleichung gibt Hirzel's Hauslexicon (Leipzig 1862).

bei Brandversicherungen höher gestellten Beiträge mehr Gesammtkosten entstehen können, als bei massivem Bau *).

Die Wichtigkeit des Holzes für die Schifffahrt ist bekannt, obgleich auch hierin in der Neuzeit das Eisen als Rival aufgetreten ist. Hätte England in seinen Colonien und durch seine vielfachen Handelsverbindungen keine Gelegenheit, sich billig Schiffe zu bauen, so wäre sein ganzer Handel ruinirt, und das ganze Volk dem Elende preisgegeben. Spanien, seiner Lage nach zur Weltmacht berufen und einst auch im Besitze derselben, hat seine Stellung verloren, weil bei der schlechten Verwaltung des Landes durch die Nachfolger Philipp's II. der leere Staatsschatz zum Bauen neuer Kriegsflotten niemals ausreichen wollte. Durch die Ausrodungen war der Holzpreis in Spanien sehr hoch gestiegen. — Walker erzählt von den Hebriden: Bisweilen habe ich eine gefährliche Schifffahrt von 70 englischen Meilen unternehmen sehen, blos um das nöthige Holz zur Erbauung einer Scheune, zur Verfertigung eines Pflugs zu erlangen, oder blos um soviel zu finden, als zu einem Schaufelstiele nöthig war.

Hierher können wir endlich noch die Verwendung des Holzes zu Eisenbahnschwellen rechnen, da aller Bemühungen ungeachtet, welche allein schon des hohen Kostenpunktes wegen angestellt wurden, ein passendes Surrogat sich noch nicht hat finden lassen. Der Wald hat mit seinem wichtigsten Produkte, dem Holze, die kalten Zonen der Erde zugänglich und bewohnbar gemacht, dadurch das Forschungsfeld des Menschen erweitert, und zur geistigen Entwicklung des Menschen in hohem Maße beigetragen. Wir werden zur Bewunderung hingerissen, wie diese eigenthümliche Stoffmasse, das Holz, die Geschichte und Geschicke der Menschheit trägt, und auf welche Weise der Geist des Menschen mit kluger Benutzung der Eigenschaften des Holzes sich zum Beherrscher der Welt

---

*) Es darf als bekannt vorausgesetzt werden, daß man, was die geringere Dauer betrifft, die allgemeinen Nachtheile der Verwendung des Holzes beim Bauen zu mildern sucht: durch Wahl eines möglichst gesunden, kernigen Holzes, durch Beobachtung der richtigen Fällzeit, durch entsprechende Lagerung bis zur Verwendung, durch möglichsten Schutz gegen Nässe, sowie durch Erleichterung der Luftcirculation. Auch das Auslaugen und Dämpfen, Anstreichen und Imprägniren des Holzes sind wohl zu beachtende Mittel, um dem Holze größere Dauer zu ertheilen. Hinsichtlich der Feuergefährlichkeit hat man mannichfache Anstriche (Wasserglas) empfohlen, ohne daß diese Vorschläge in das praktische Leben haben eindringen wollen. Das gewöhnliche Umkleiden mit Strohlehm dürfte in den meisten Fällen das nächstliegende und billigste Mittel sein.

emporgehoben hat. Das Holz gab dem Menschen gleichsam die Schwingen, um dem Drange des Geistes folgend über die Gewässer der Erde, über Flüsse, Seen und Meere hinzuziehen. Der Handel zu Wasser und die wissenschaftlichen Forschungen haben die schwerfälligen Caravanenzüge und auch die späteren vervollkommneten Transportmittel zu Lande weit überflügelt. Erst in unseren Tagen treten die Eisenbahnen, theilweise wenigstens, mit dem Verkehr zu Wasser wieder in Concurrenz, und wiederum durch die Kraft desjenigen Waldes, der vor Jahrtausenden die Höhen krönte und bis jetzt in der Erde verborgen zum Träger der Cultur und zum friedlichen Austausch der Handelsgüter benutzt wird.

3. Das Holz als Rohmaterial der Industrie.

Sollen wir die wirthschaftliche Seite der hundert und mehr Erwerbszweige schildern, die auf einen möglichst billigen Bezug des Holzes angewiesen sind? Es würde uns zu weit führen, die Runde zu machen in all' den Werkstätten, in welchen Holz verarbeitet oder wo dessen Eigenschaften dem Menschen dienstbar gemacht werden. Aber in unsere Häuslichkeit*) wollen wir doch einen Blick werfen. Da finden wir von dem Gebälk des Daches, durch Zimmer und Küche bis zu den bauchigen Weinfässern der Keller, das Holz in den verschiedensten Formen. Der Stuhl und das Sopha, auf dem wir ausruhen, Tisch und Schrank, die unsere 1000 nothwendigen und nutzlosen Gegenstände aufnehmen, das beliebte Piano und die meisten übrigen Instrumente, deren Spiel einen der reinsten Genüsse unseres Lebens bildet, das Alles ist aus Holz gebaut. Auch das Spielzeug unserer Kinder ist von diesem Material, die Wiege, die uns in Empfang nimmt, und der Sarg, der uns wieder fortträgt.

Der Wald greift daher bestimmend in das gesammte Wirthschaftsleben eines Volkes ein. Rohproducte liefern wir den aufstrebenden Industriezweigen zu den möglichst billigen Preisen, wir beseitigen die unwirthschaftlichen Zölle, welche die Einfuhr von Rohstoffen und Halbfabricaten erschweren, weil die Industrie um so leichter aufblüht, je höheren Werth sie einem billigen Stoffe durch ihre Arbeit verleihen kann. Wenig Stoffe werden aber durch die menschliche Arbeit eine so bedeutende Werthsteige-

---

*) Vergleiche Coaz, der Wald (Leipzig 1861).

rung erfahren, als gerade das Holz, dessen Preis (im Cubikfuß der rohen Masse höchstens einige Groschen) durch die Arbeitsleistung bis zum hundert- und mehrfachen Werthe gesteigert werden kann. Wir zweifeln nicht, daß das Holz in dieser Beziehung nur vom Eisen übertroffen wird.

Brauchen wir auch nicht zu befürchten, daß Beispiele so trauriger Art, wie sie Spanien liefert, in Mittel-Europa vorkommen werden, ja können wir sie für unmöglich halten, so glaubt der Verfasser doch eine solche Betrachtung nicht außer Acht lassen zu dürfen. Man nennt Gegenstände, die häufig vorkommen, nicht nur im gewöhnlichen Leben, sondern auch in der Wissenschaft gemein. Zu diesen Gegenständen gehört auch das Holz; und gerade dadurch, daß es gemein ist, ist es von so großer Bedeutung für unser Leben und von so fortwirkendem Einflusse auf dasselbe. Wie wichtig das Holz ist, wird in manchem Lande durch die Lähmung der Industrie und der Gewerbe tief empfunden. Wo es billig beschafft werden kann, da finden wir die blühendsten, reichsten und mächtigsten Staaten.

So weit in Deutschland die Gewerbe, welche vorzugsweise auf die Bearbeitung des Holzes angewiesen sind, innungsmäßig betrieben worden sind, darf es uns nicht befremden, daß der Export kein nennenswerther ist. Die Zunft legte sich durch ihre Satzungen selbst das größte Hinderniß möglichst freier Bewegung auf; sie verstand es nicht, sich mit Hilfe des Associationswesens Credit zu verschaffen und die Vortheile der Großindustrie durch die Einführung der Massenproduction sich anzueignen. Die deutschen Holzgewerbe versorgten zwar, so weit sie zünftig betrieben wurden, den deutschen Markt, aber nur selten überschritten ihre Waaren die vaterländischen Grenzen. Wurde indeß das Handwerk von seinen beengenden Vorschriften befreit, so entwickelte sich schon nach wenig Jahren ein mächtiger Aufschwung, der für seine vermehrten Fabrikate den Weltmarkt aufsuchte. So hat sich das Tischlerhandwerk unter freieren Formen in Berlin bedeutender entwickelt, als im übrigen Deutschland, und noch großartiger ist der Aufschwung, den dasselbe Gewerbe unter fast vollständiger Gewerbefreiheit am Rhein, besonders in der Umgebung von Mainz genommen hat. Bekannt ist die Entwicklung der Fabrikation musikalischer Instrumente, vom Concertflügel bis herab zur Kindergeige, die Drechsler- und Holzwaarenindustrie unserer deutschen Gebirge; beachtenswerth bleibt einer Bevölkerung gegenüber, die mit Spitzenklöppeln, Weben und Weißnähen nur kärglich bei einer überwiegend sitzenden Lebensweise ihr Leben fristet, selbst die Arbeit des Kohlenbrenners.

Der Werth der Einfuhr von Holzwaaren im deutschen Zollvereine*) stieg von 670046 Thlrn. im Jahre 1847, auf 1,339192 Thlr. in 1857, d. h. 108,82 Proc., die Ausfuhr von 4,652500 Thlrn. in 1847 auf 8,532074 Thlr., d. h. 81,24 Proc. Hauptsächlich sind es die feinen Holzwaaren, welche das bedeutendste Object der Mehr-Ausfuhr bildeten. Es betrug der Werth dieser feinen Holzwaaren:

	Einfuhr.	Ausfuhr.	Mehr-Ausfuhr.
1847	189520 Thlr.	4,091360 Thlr.	3,901840 Thlr.
1857	455920 „	7,362080 „	6,906160 „

Daran betheiligten sich

		Einfuhr Ctnr.	Ausfuhr Ctnr.	Mehr-Einfuhr Ctnr.	Mehr-Ausfuhr Ctnr.
Preußen	mit	1967	50464	—	48497
Luxemburg	„	68	20	48	—
Bayern	„	449	6754	—	6305
Sachsen	„	1421	2652	—	1231
Hannover	„	382	13359	—	12977
Württemberg	„	189	388	—	199
Baden	„	328	17994	—	17666
Kurfürstenthum Hessen	„	24	—	24	—
Großherzogthum Hessen	„	86	392	—	306
Thüringen	„	21	—	21	—
Braunschweig	„	92	—	92	—
Oldenburg	„	28	3	25	—
Nassau	„	9	—	9	—
Frankfurt a. M.	„	635	—	635	—
Summe		5699	92026	854	87181
ab					854
bleibt					86327

Der Werth der mehr aus- als eingeführten 6 verschiedenen Kategorieen von Holzwaaren, wie sie der Tarif unterscheidet, betrug im Zollvereine überhaupt:

---

*) Dieterici, preußisches statistisches Jahrbuch.

Die wirthschaftliche Wichtigkeit des Waldes.

in 1847 . 3,982454 Thlr.
„ 1857 . 7,132882 „

also 1857 mehr 3,150428 Thlr. oder 79,11 Procent.

Bekannt ist ferner die Wichtigkeit der Holzkohlen für einzelne industrielle Branchen und ihre Unentbehrlichkeit bei der Klärung der verschiedensten flüssigen Stoffe. Die Quantitäten von Holzkohle, welche in Deutschland erzeugt und verbraucht werden, ist nicht bekannt und kann daher die Ein- und Ausfuhr nur einigermaßen als Anhaltepunkt dienen. Es betrug

	Ausfuhr.	Einfuhr.	Mehreinfuhr.
im Jahre 1847 .	219577 Ctnr.	114014 Ctnr.	105563 Ctnr.
„ „ 1857 .	422384 „	126411 „	295973 „

An dem Export- und Importverkehre des Jahres 1857 betheiligten sich

	Einfuhr Ctnr.	Ausfuhr Ctnr.	Mehr-Einfuhr Ctnr.	Mehr-Ausfuhr Ctnr.
Preußen . . . . mit	186276	4859	181417	—
Luxemburg . . . . . . „	161515	386	161129	—
Bayern . . . . „	67306	22593	44713	—
Sachsen . . . . „	7187	1622	5565	—
Hannover . . . . . . „	4	2528	—	2524
Württemberg . . . . „	—	225	—	225
Baden . . . . „	94	94177	—	94083
Oldenburg . . . . . „	2	21	—	91
Summe	422384	126411	392824	96851

Es würde uns zu weit führen, wenn wir die einzelnen Gewerbe in ihren Werkstätten aufsuchen wollten, aber nehmt nur das einfachste, am wenigsten werthvolle Spielzeug der Kinder zur Hand, und Ihr findet da wiederum das Product eines Industriezweiges, der, scheinbar geringfügig, durch seine Massenproduction zu volkswirthschaftlicher Bedeutung heranwächst.

So reicht die Thüringer Spielwaaren-Industrie *) mit ihren Anfängen bis in's Mittelalter hinauf, wo Nürnberger Speculanten die Producte des Thüringer Waldes im Handel auszubeuten anfingen. Nach Anlegung von Pech- und Kienrußhütten begann man aus dem leicht zu bearbeitenden Tannenholze allerlei Hausgeräthe zu fertigen, das man nach Frankfurt a. M. zur

---

*) Deutsche Industrie-Zeitung 1861.

Messe, sowie auf die kleineren nahegelegenen Märkte zum Verkauf brachte. Es währte nicht lange, so kam man auf die Anfertigung von Spielwaaren, welche durch die vortrefflichen Eigenschaften des Holzes zum Schnitzen und Drechseln sehr begünstigt wurde. Sehr bald wurde das Städtchen Sonneberg der Stapelplatz dieser Erzeugnisse, und der Handel mit denselben stieg bald an Bedeutung, da derselbe zur Etablirung von Commissionsgeschäften führte. Nach dem französischen Kriege, und nachdem mittlerweile auswärtige Commanditen in Norddeutschland und den Ostseeprovinzen gegründet worden waren, erweiterte sich dieser Handel durch den Export nach Amerika wesentlich, noch mehr hob er sich aber seit Gründung des Zollvereines, so daß im Jahre 1853 aus Sonneberg allein nahe an 60000 Ctnr. Spielwaaren ausgeführt wurden. Durch Zeichnen- und Modellschulen und durch die Intelligenz der Fabrikanten ist die Spielwaaren-Industrie theilweise mit der Kunst gepaart worden, und man sieht schon, wie der unvermeidliche Luxus auch bei den einfachsten Fabrikaten sich geltend zu machen sucht.

Zu den sonstigen Arbeitern gehören die Drechsler, Schnitzler, Tischler, Geigen-, Trommel-, Schachtelmacher, Papiermachéarbeiter, Goldbläser, Maler, Orgelmacher ꝛc. Gewöhnlich wird dieser Zweig der Industrie als Haus-Industrie getrieben; die Arbeiter liefern die Fabrikate dutzend-, hundert- oder tausendweise an den Kaufmann ab. Einen Begriff von der beispiellosen Billigkeit dieser Waaren (in erster Hand) mögen folgende Preise geben: Das Dutzend Lochpfeifen kostet $4\frac{1}{2}$—5 Pfennige; das Dutzend bemalter, mit einer Pfeife versehener Schnurren 12 Pfg., 100 Stück bemalte Schreibkästchen oder Köfferchen mit blechernen Scharnieren und Haken etwa $8\frac{1}{2}$—9 Ngr.; ein Satz größerer Schachteln von 17 Stück wird mit 13—14 Ngr. bezahlt u. A. m. Doch giebt es auch feinere und theurere Artikel, z. B. Thiere, mit Fellen und Federn überzogen, mit Stimmen und Bewegung, von denen das Dutzend 35 bis 60 Thlr. kostet.

Das Princip der Arbeitstheilung ist hier auf einer hohen Stufe der Ausbildung; der Familienvater ist Schnitzer und Bossirer, und die übrigen Familienglieder bilden das Personal einer kleinen Fabrik. Groß und Klein ist beschäftigt und arbeitet sich in die Hände; sonst könnte man auch nicht begreifen, wie eine solche Familie bei den ausnehmend billigen Preisen bestehen könnte. Die ordinairen Artikel gehen meist nach Holland, England, Belgien und Nordamerika, die feineren nach Rußland, Frankreich, Spanien und Südamerika.

In den Orten Seifen*), Heidelberg, Neudorf und Einsiedel auf dem

---

*) v. Berg, Staatsforstwirthschaftslehre.

sächsischen Erzgebirge lebten 1849 unter 4350 Menschen 360 Familien mit 1800 Köpfen vom Holzdrehen, vorzüglich dem sogenannten Reifendrehen, wozu sie jährlich 1525 Klaftern Fichten- und 525 Klaftern Buchenholz verbrauchen. Es verdient dabei ein Mann in 12 Stunden 20 Sgr. bis 1 Thlr. 5 Sgr. und mehr, wobei er etwa für 7½ bis 8 Sgr. Holz consumirt hat. Die Gesammtarbeiterzahl im ganzen Königreiche Sachsen für das Gewerbe der Spielwaarenfabrikation war 1846 — 1520 Menschen — 263 Weiber und 1257 Männer — 1860 gegen 3500 Menschen. — Im Thale von Gröden in Tirol leben 3500 Menschen fast allein von Holzspielwaaren, und sind dort über 600 Drehbänke in Thätigkeit. — Die Zündhölzchenfabrik von Deig in Lauterberg am Harze gebraucht jährlich nur zu hölzernen Büchsen 4400 Mltr. fichtenes Knüppelholz à 80 c.' räuml., woraus jährlich 10½ Millionen Büchsen hergestellt werden und im Ganzen ein Arbeitslohn von 32238 Thlrn. verausgabt wird. Ein Cubikfuß Fichtenholz giebt etwa 50000 Stück Zündhölzer. 1000 Stück zu 1 Sgr. gerechnet, giebt also der Cubikfuß einen Ertrag von 1 Thlr. 20 Sgr., wovon etwa die Hälfte Arbeitslohn ist.*) Weit größere Fabriken, von denen aber dem Verfasser statistische Data nicht zu Gebote stehen, bestehen besonders in Böhmen am Abfalle des Riesen- und Erzgebirges, in Württemberg und Bayern.

In dem Oberbayerischen Salinen-Forstamtsbezirke Berchtesgaden **) wird das Kunstholzhandwerk, d. h. das Geschäft der Schachtelmacher, Schnitzler, Drechsler, Schäffelmacher ꝛc., gleichfalls in großem Umfange betrieben. Hier bietet die Holzwaarenfabrikation die Hauptnahrungsquelle von nahezu 400 Familien (ungefähr 2000 Personen, beinahe ein Viertheil der Bevölkerung des ganzen Bezirks). Im Jahre 1860 befanden sich dort beiläufig 170 Schachtelmachermeister, 60 Schnitzer, 120 Drechsler, sowie 40 Schäffel-, Lagel- und Empermachermeister, welche zusammen über 200 Gesellen beschäftigen. und neben diesen Meistern arbeiten noch viele nichtconcessionirte Holzhandwerker, „Fretter" genannt, selbstständig. Ueberdieß nehmen bei den meisten dieser Handwerker, namentlich bei den Kleinschachtelmachern und Schnitzern, sämmtliche Familienglieder, sogar die Dienstboten, an der Beschäftigung des Hausvaters durch passende Arbeitsleistung thätigen Antheil.

Wir haben zur Detaillirung einen scheinbar ganz geringfügigen Handelsartikel, das einfachste spottbillige Spielzeug der Kinder gewählt, um daran nachzuweisen, wie selbst dieser schlecht bezahlte Artikel zu volks-

---

*) Forst- und Jagd-Zeitung 1848. S. 438.
**) Monatsblätter des Oberländer Kunst- und Gewerbevereins.

wirthschaftlicher Bedeutung herauswachsen kann. Es bedarf nicht besonderer Erwähnung, daß die anderen lohnenderen Holzgewerbe über weit größere Capitalien, über größeren Gewinn und, was uns die Hauptsache ist, über weit besser bezahlte Arbeitskräfte zu gebieten haben.

4. Der Holzhandel.

Bei der Untersuchung von der wirthschaftlichen Bedeutung der Wälder dürfen wir den Holzhandel aus mehr als einer Rücksicht nicht unbeachtet lassen. Der Ausfuhrhandel wird immer dadurch bedingt, daß ein Volk gewisse Sachgüter wohlfeiler und besser zu erzeugen vermag als ein anderes, und entsteht daraus für das Volk der Vortheil, daß es mit gleichem Aufwande eine größere Gütermenge erwirbt, als wenn es seine Landeserzeugnisse selbst verbraucht hätte. Es ist allerdings nicht gleichgiltig, ob Rohstoffe oder Fabrikate ausgeführt werden, solange im eigenen Lande die zur Verfeinerung aufzuwendende Arbeit billiger zu beschaffen ist, als im fremden, z. B. der Verkauf von rohem Holze oder von Brettern. — Je mehr es möglich ist, das wichtigste Product des Waldes aus solchen Bezirken, welche daran Ueberfluß haben, in die holzarmen Gegenden überzuführen, desto mehr wird der Wald nicht nur an den zuletzt erwähnten Orten geschont werden, sondern man wird sich auch in den eigentlichen Waldbezirken einer um so größeren Pflege der vorhandenen Bestände befleißigen, je besser der darauf verwendete Fleiß durch das vergrößerte Absatzgebiet belohnt wird. Jede Zunahme des Transportes beim Holze muß daher vom volkswirthschaftlichen Standpunkte aus freudig begrüßt werden; denn eine solche kann nur eintreten, wenn im endlichen Preise die Mehrkosten des Transportes gedeckt werden und schon zuvor den Holzproducenten eine entsprechende Bodenrente gesichert ist.

Mit Ausnahme kurzer Strecken ist der Holzhandel fast ausschließlich durch den Wassertransport vermittelt worden. Aus den waldreichsten Gebirgsforsten Deutschlands wird das Holz mit Hilfe der mannichfaltigsten oft mit hohen Kosten hergestellten Floßanstalten auf den Gebirgsströmen und Nebenflüssen den Hauptadern des commerziellen Lebens, dem Rhein, der Donau, der Elbe u. s. w. zugeführt. Es giebt keinen Artikel [*]),

---

[*]) Vergleiche Bremer Handelsblatt Nr. 539 Jahrg. 1862.

der so für den Wassertransport geeignet und geschaffen ist, wie das Holz, vor Allem schon aus dem Grunde, weil ein Transportmaterial in den meisten Fällen gar nicht erfordert wird und der Transport ohne menschliches Zuthun vor sich geht; das Triftholz und das Floß sind Fracht- und Transportmaterial zugleich, während andererseits die bewegende Kraft im natürlichen Gefälle des Wassers gegeben ist. Die natürliche Folge dieses leichten Wassertransportes ist, daß der Holzhandel auf diesem Wege sich zwischen geographisch sehr entlegenen Orten zu entwickeln vermag. Der Holzhandel aus dem Schwarzwalde, dem Fichtelgebirge und dem Spessart nach dem Niederrhein ist bekannt genug, als daß er besonders zu erwähnen wäre.

Bei dem Landtransporte selbst auf guten Wegen, sagt v. Berg, ist eine Entfernung von 5 Meilen fast das Maximum, was Brennholz ertragen kann. Bau- und Nutzholz können je nach der Kostbarkeit des Stückes und je nach dem größeren Werthe, welchen sie im Verhältnisse zu ihrem Gewichte haben, weiter, selbst bis zu 10 Meilen auf der Axe verfahren werden. Die Beantwortung der Frage, wie weit sich Holz mit Vortheil überhaupt transportiren läßt, richtet sich nach der Differenz zwischen dem Wald- und Marktpreise. Der Transport auf den Eisenbahnen ist in den meisten Fällen noch zu kostbar, am weitesten ist das Holz nur durch das Flößen zu transportiren. Die Hauptkosten erwachsen durch das Heranschaffen an das Flößwasser, durch das Einwerfen, das Nachflößen und Ausziehen, und diese bleiben sich gleich, wenn das Holz auch einige Meilen weiter geflößt wird. So bezieht z. B. Leipzig zum Theil seinen Brennholzbedarf auf eine Entfernung von über 40 Meilen; Berlin wohl 40—50 Meilen (Bauholz aus Polen oder Rußland); Holland einen Theil vom Spessart oder dem Schwarzwalde, auf mehr als 100 Meilen Entfernung. Bei dem Flößen hat man neben dem Verluste, welchen man durch die geringere Güte des geflößten Holzes erleidet, auch den zu berücksichtigen, welcher durch Abstoß an Rinden und Spänen und durch Senkholz erfolgt. Letzterer steigt nach Beschaffenheit des Holzes und des Floßwassers auf 9—11 Procent. Ersterer wechselt sehr, je nachdem das Holz kürzere oder längere Zeit im Wasser gelegen hat; v. Werneck giebt folgende Verhältnißzahlen:

Brenngüte.

	Ungeflößtes.	Geflößtes.
Buche	1,000	0,732
Eiche	0,912	0,617
Birke	0,913	0,664
Ahorn	1,020	0,686
Esche	1,028	0,754
Hainbuche	1,052	0,774
Kiefer	1,077	0,752
Fichte	0,735	0,577
Weißtanne	0,704	0,522.

Ueber den Zustand des Holzverkehres im Preuß. Staate vor Errichtung des deutschen Zollvereines giebt Ferber*) Folgendes an:

Es führte nach vierjährigem Durchschnitte, 1825—1829, der Preuß. Staat jährlich:

a) mehr ein als aus:

Nutzholz an Masten, Bugsprieten oder Spieren, Blöcken von hartem Holze und Balken von Kienen= oder Tannenholz 379781 Stück,

(dagegen in 1847 . 880345 „

„ „ 1857 . . . 80475 „)

b) mehr aus als ein:

Bohlen, Bretter, Latten, Faßholz, Bandstöcke, Stangen, Pfahlholz . . . . 44972 Schiffsl.,

(dagegen in 1847 . . 51355 „

„ „ 1857 53249 „)

Seitdem ist der Handel und Verkehr mit Holz für die zollverbündeten Staaten immer bedeutender geworden; denn der Werth der Mehrausfuhr als Einfuhr betrug im Jahre 1847 . . 5,032290½ Thlr., und im Jahre 1857 . . . . 9,465923½ „

Der Werth stieg daher in den 10 Jahren 18$\frac{47}{57}$ um 4,433633 Thlr., oder von 100 auf 188,10.

---

*) Beiträge zur Kenntniß des gewerblichen und commerziellen Zustandes der Preußischen Monarchie. Aus amtlichen Quellen. Von C. W. Ferber, Kgl. Preuß. Geh. Ober=Finanzrath. Berlin 1829. S. 61 ꝛc.

Der größte Antheil an diesem Handel und Verkehre mit Holz fällt auf den Preußischen Staat, wenn sich auch seit dem Bestehen des Zollvereines nicht mehr bestimmt ersehen läßt, wie groß derselbe ist. Der Holzhandel der östlichen Provinzen Preußen, Posen, Pommern und Brandenburg ist sehr verschieden von dem Holzverkehre in der Rheinprovinz. Memel war von Alters her ein Haupt-Handelsplatz für Holz und versorgte England mit Schiffsbauholz. Dieser Verkehr hat zwar durch Veränderung in der Zollgesetzgebung Englands, welche die Holzeinfuhr aus Canada unverhältnißmäßig begünstigte, längere Zeit gelitten, hebt sich aber in neuerer Zeit wieder bedeutend. Aus den Preußischen Provinzen, zum Theil aus Polen und Rußland, kommen Blöcke und Balken von hartem und weichem Holze nach Memel und werden auf den vielen dort befindlichen Sägemühlen zu Brettern und Latten verarbeitet. Der Werth dieser allein dem Handel der östlichen Provinzen angehörigen Hölzer betrug

1847 für die Einfuhr 6,374203 Thlr.
„ „ Ausfuhr 5,629798 „

Es überstieg also die Einfuhr die Ausfuhr um 744405 Thlr.

1857 für die Einfuhr 6,196685 Thlr.
„ „ Ausfuhr 7,625515 „

In diesem Jahre war die Ausfuhr größer als
die Einfuhr dem Werthe nach . . 1,455830 Thlr.

Der Werth der Einfuhr aus Rußland berechnet sich
pro 1847 auf 6,374203 Thlr.
„ 1857 „ 6,196685 „

Dagegen beträgt der Werth der Ausfuhr
pro 1847   5,629798 Thlr.
„ 1857 . 7,652515 „
also pro 1857 mehr 2,022717 Thlr.

Anders ist es am Rhein.*) Hier gehen, wie der Zolltarif bezeichnet, besonders Eschen-, Kirsch-, Birn-, Aepfel- und Kornelholz, ferner Sägewaaren, Faßholz rc., den Rhein hinunter. Davon berechnete sich der Werth

1847 der Einfuhr   95735 Thlr.
„ Ausfuhr 1,667455 „
der Mehraus- als Einfuhr 1,571720 Thlr.

---

*) Dieterici, Mittheilungen des statistischen Bureaus in Berlin.

1857 der Einfuhr   307415 Thlr.
„   Ausfuhr 2,356320 „
der Mehraus- als Einfuhr 2,048905 Thlr.

Indem wir, was die Specialitäten betrifft, auf die angezogenen Artikel des statistischen Büreaus verweisen müssen, geben wir nur die Summen der Einfuhr und Ausfuhr des Zollvereines für die Jahre 1847 und 1857 in Geldwerth an, wobei ausdrücklich zu bemerken ist, daß dieser nach sehr mäßigen Schätzungen berechnet ist. So ist der Werth der Klafter Brennholz auf nur — 2 Thaler, der Centner hölzerne Hausgeräthe auf nur 10 Thaler veranschlagt. Eine Summirung der Quantitäten nach Maß oder Gewicht kann leider nicht gegeben werden, da die Handelsartikel nicht auf eine bestimmte Einheit (Klafter oder Centner) reducirt worden sind.

Es betrug der Werth

1847.

	Einfuhr.	Ausfuhr.	Mehreinfuhr.	Mehrausfuhr.
Brennholz	125702 Thlr.	119206 Thlr.	6196 Thlr.	— Thlr.
Bau- u. Nutzholz	8,138977 „	9,392683 „	— „	1,253706 „
Holzwaaren	670046 „	4,652500 „	— „	3,982454 „
Nebenproducte *)	420484 „	223111 „	197373 „	— „

1857.

Brennholz	69246 „	210420 „	— „	141174 „
Bau- u. Nutzholz	9,216931 „	11,514401 „	— „	2,297470 „
Holzwaaren	1,399192 „	8,532074 „	— „	7,132882 „
Nebenproducte	434692 „	329089 „	105602 „	— „

Wie bereits erwähnt, folgt aus diesen Zahlen eine namhafte Steigerung des Holzhandels. Die Mehrausfuhr zeigt allein in 10 Jahren eine Steigerung von 100 auf 188,08, und ist es nicht ohne Interesse zu erfahren, in wie weit sich die einzelnen Staaten des Zollvereines bei dem Holzhandel des Jahres 1857 betheiligten.

a) Brennholz beim Wassertransporte.

Von den in den Zollverein überhaupt eingeführten 34623 Klaftern wurden in Preußischen Zollstätten eingeführt 28844 Klaftern und in Hannöverschen Zollämtern 5767 Klaftern, wovon 5722 Klaftern frei aus Oesterreich. Ausgeführt wurden 1857 im Zollvereine 105210 Klaftern, davon 22282 Klaftern aus Preußen, 75040 Klaftern aus Bayern, 1242 Klaftern aus Hannover und 6646 Klaftern aus Württemberg.

---

*) Gerberlohe, Holzkohlen, Holzasche.

Die wirthschaftliche Wichtigkeit des Waldes.　75

b) Bau- und Nutzholz beim Wasser- oder beim Landtransporte zur Verschiffungsablage

ergab in 1857 einen Werth von 2,297470 Thlrn. Mehraus- als Einfuhr. Die Quantitäten der Ein- und Ausfuhr nach den verschiedenen Kategorieen von Nutz- und Bauholz vertheilen sich auf die verschiedenen Staaten des Zollvereines folgendermaßen:

	Einfuhr.	Ausfuhr.	Mehr-Ausfuhr.	Mehr-Einfuhr.
1. Blöcke oder Balken von hartem Holze (Stück).				
Preußen . . .	183454	156617	26837	—
Bayern . . .	—	—	—	—
Hannover . . .	3493	7865	—	4372
Oldenburg . .	609	731	—	122
Summe	187566	165213	26837	4494
			4494	
			22343	
2. Blöcke oder Balken von weichem Holze (Stück).				
Preußen . . .	1129280	1074528	54752	—
Hannover . . .	99560	486	99074	—
Oldenburg . .	9911	—	9911	—
Summe	1238751	1075014	163737	—
3. Bohlen, Bretter, Latten ꝛc. (Schiffslast).				
Preußen . . .	37322	94176	—	56854
Sachsen . . .	2	—	2	—
Hannover . . .	5127	2108	3019	—
Oldenburg . .	2597	21	2576	—
Summe	45048	96305	5597	56854
				5597
				51257
4. Eichen-, Ulmen-, Eschen-, Ahorn-Holz (Schiffslast).				
Preußen . . .	13	15662	—	15649
Bayern . . .	6	675	—	669
Hannover . . .	60	471	—	411
Baden . . .	—	2	—	2
Summe	79	16810	—	16731

5. Buchen-, Fichten-, Tannen- ꝛc. und anderes weiches Holz ꝛc. (Schiffslast).

	Einfuhr.	Ausfuhr.	Mehr-Ausfuhr.	Mehr-Einfuhr.
Preußen . . .	3264	18771	—	15507
Bayern . . .	60	1459	—	1399
Sachsen . . .	55368	1	55367	—
Hannover . . .	116	111	5	—
Baden . . .	—	3	—	3
Summe	58808	20345	55372	16909
			16909	
			38463	

6. Sägewaaren, Faßholz (Dauben ꝛc.).
aa) aus den zu Posit. 4 des Tarifs genannten Holzarten (Schiffslast).

	Einfuhr.	Ausfuhr.	Mehr-Ausfuhr.	Mehr-Einfuhr.
Preußen . .	12	14701	—	14689
Bayern . .	35	1211	—	1176
Sachsen . .	27	—	27	—
Hannover . .	—	117	—	117
Baden . . .	14	1	13	—
Großh. Hessen . .	—	56	—	56
Summe	88	16086	40	16038
			40	
			15998	

bb) aus den unter Posit. 5 des Tarifs genannten Holzarten (Schiffslast).

	Einfuhr.	Ausfuhr.	Mehr-Ausfuhr.	Mehr-Einfuhr.
Preußen . . .	5226	9194	—	3968
Bayern . . .	1002	29771	—	28769
Sachsen . . .	5880	—	5880	—
Hannover . . .	103	19	84	—
Baden . . .	—	6	—	6
Summe	12211	38990	5964	32743
			5964	
			26779	

7. Holz in geschnittenen Fournieren (Centner).

	Einfuhr.	Ausfuhr.	Mehr-Ausfuhr.	Mehr-Einfuhr.
Preußen . . .	7252	816	6436	—
Luxemburg . .	10	—	10	—
Bayern . . .	827	525	302	—
Sachsen . . .	1334	49	1285	—
Hannover . .	767	598	169	—

Die wirthschaftliche Wichtigkeit des Waldes.

	Einfuhr.	Ausfuhr.	Mehr-Einfuhr.	Ausfuhr.
Württemberg . .	462	21	441	—
Baden	3736	111	3625	—
Kurhessen . . .	20	—	20	—
Großh. Hessen . .	1145	29	1116	—
Thüringen. . .	70	—	70	—
Braunschweig . .	84	—	84	—
Oldenburg. . .	57	203	—	146
Frankfurt a. M. .	620	—	620	—
Summe	16384	2352	14178	146
			146	
			14032	

In Anbetracht der Werthsverminderung, welche das Holz durch den Wassertransport erleidet, ist es von Wichtigkeit, daß der Holzhandel sich der Eisenbahnen zu bedienen anfängt. Wir entnehmen die folgenden Data, welche über das Verhältniß des Wasser- zum Landtransporte wenigstens einigen Aufschluß geben, der amtlichen Statistik über den Bayrischen Holzhandel *).

Die Holzeinfuhr aus Oesterreich, der Schweiz, aus Frankreich und von der Nordsee (über Hof mit der Eisenbahn durchschnittlich 12 Klaftern Nutzholz und 85 Ctnr. Holzasche) betrug von 1851/58:

  10373 Klftrn. Brennholz,
  25790 „ Nutzholz,
   1060 Ctnr. Lohrinden,
374730 „ Holzkohlen,
   1188 „ Holzasche,
  48162 „ Böttcherwaaren und grobe hölzerne Hausgeräthe.

Die Ausfuhr von Holz aus Bayern ist dagegen weit bedeutender, da für dieselbe Periode

428800 Klftrn. Brennholz,
 36586 Ctnr. Lohrinden,
    109 „ Holzasche,
206831 Klftrn. Nutzholz,
 84001 Ctnr. Holzkohlen,
 85382 „ grobe Holzwaaren
berechnet werden.

---
*) Forstverwaltung Bayerns. München 1861.

Der Verkehr auf dem Ludwigs-Donau-Maincanale ist der natürlichen Lage des Canals zufolge nur für die Vermittlung der inländischen Holz-Consumtion geeignet, wie auch in den meisten Fällen der Eisenbahnverkehr. So weit über die Menge des eingeladenen Holzes genaue Angaben für die einzelnen Stationen mitgetheilt sind, stellt sich die Holzausfuhr in's Ausland mittelst der Eisenbahnen folgendermaßen:

    925 Klftrn. Brennholz,
 12480 „ Bau-, Nutz- und Werkholz,
  3000 Ctnr. Lohrinden,
  4000 „ Torf,
2116230 „ Mineralkohlen.

Den Werth des Quantums, über das sich der Activholzhandel Bayerns erstreckt, berechnet die Bayrische Forstverwaltung zu jährlich 2,583366 Fl., indem sie nach den durchschnittlichen Versteigerungserlösen des ganzen Landes das Bau-, Nutz- und Werkholz mit 18 Fl. und das Brennholz mit 6 Fl. per Klafter annimmt.

Transportirt wurden von 1851/59 durchschnittlich pro Jahr:

	auf den Bayr. Eisenbahnen:	auf dem Ludwigscanale:
Brennholz	27294 Klftrn.	24099 Klftrn.
Nutzholz	40987 „	17097 „
Lohrinden	13994 Ctnr.	—
Torf	253421 „	451 Ctnr.
Stein- u. Braunkohlen	8192640 „	102126 „

Es ergiebt sich daraus, daß nur die Masse des auf dem Canale beförderten Brennholzes dem Transporte auf den Eisenbahnen annähernd gleichzustellen ist. So sehr auch locale Ursachen mitwirken mögen, welche die Benutzung der Wasserstraße in Bayern in den Hintergrund stellen, so betrachten wir es doch als ein erfreuliches Zeichen, daß der steigende Werth des Holzes, wie sich aus der Benutzung der theuern Transportmittel ergiebt, dem Waldboden gleich dem Feldareal eine seiner Bodengüte entsprechende Rente abzuwerfen verspricht, welche Devastationen und unbedachten Rodungen am besten entgegenwirken wird.

VI.

Die Nebennutzungen im Walde.

Es ist Thatsache, daß die Forstwirthschaft weniger Arbeitskräfte erfordert, als die meisten anderen Erwerbszweige, die sich mit der Cultur des Grund und Bodens beschäftigen, und darin liegt allerdings ein wirthschaftlich ungünstiges Moment für die Rentabilität des Waldes. In engstem Zusammenhange steht damit in bewaldeten Gegenden die Zahl derjenigen Bewohner, welche auf die Arbeit im Walde und auf die Verwerthung der Waldproducte angewiesen sind. Gleichwohl schätzt man die wirthschaftliche Bedeutung der Forstwirthschaft meist zu gering, da man die Rentabilität in der Regel nur nach dem geschlagenen Holze berechnet, die Nebennutzungen aber gewöhnlich ganz außer Acht läßt. Kommt auch deren Ertrag nicht allemal dem Eigenthümer zu Gute, so gewähren sie doch der Volkswirthschaft ein beachtenswerthes Einkommen; unter Umständen, wie wir sogleich nachweisen werden, sind sie sogar bisweilen geeignet, im Geldertrage und im Arbeitslohne die eigentliche Hauptnutzung des geschlagenen Holzes zu übersteigen.

Die Waldweide und Grasnutzungen.

Wir beginnen mit den Nebennutzungen, welche nur mit großer Vorsicht in Anwendung zu bringen sind.

Die Waldweide und Grasbenutzung ist in sehr vielen Gegenden von großer Wichtigkeit und verdient vom Forstwirthe mehr berücksichtigt zu werden, als es häufig geschieht. Nach v. Berg[*]) weiden auf dem

---

[*]) v. Berg, das Verdrängen des Laubwaldes durch Fichte und Kiefer im nördlichen Deutschland. Darmstadt 1844.

Hannöverschen Harze, auf einer Waldfläche von mehr als 200000 Morgen, im Durchschnitte jährlich: 8279 Kühe und Ochsen, 2613 Stück Jungvieh, 215 Pferde und Füllen, 3922 Schafe und 502 Schweine. Berechnet man den Werth der Waldweide nach der Fütterung nur allein für die 10892 Stück Rindvieh, so beträgt derselbe 108920 Rthlr. und für alles Weidevieh in Summa 112458 Rthlr.

In der Preußischen Oberförsterei Lödderitz von 12104 Morgen Total-Größe betrug nach der Jahresrechnung von 1843 die Grasnutzung in den etwa 5000 Morgen großen Mittelwäldern 6000 Thlr., und es ist nachgewiesen worden *), daß auf 1083 Preuß. Morgen ohne Verlust an Holz im Laufe von 17 Jahren für 52 Thlr. 5 Sgr. Gras verkauft worden ist. Bei vorzüglichem Bestande giebt Pfeil**) den jährlichen Laubertrag in der zweiten Hälfte der Umtriebszeit zu 5 Centner pro Morgen an und rechnet dabei 3 Centner Laub = 1 Centner Strohwerth, während Hundeshagen dafür 2:1 setzt.

Werden diese Nebennutzungen freilich in einer Weise betrieben, daß der Wald als solcher darunter leidet — was man mit dem Namen Devastation bezeichnet — so geht man offenbar zu weit. Leider geschieht dies aber, und zwar nach Ablösung der Servituten, bei den Privatwaldungen von den Besitzern auf die schonungsloseste Weise. So würden die Grasnutzungen völlig ohne Nachtheil sein, wenn dabei eine Beschädigung der jungen Baumpflanzen nicht statt finden würde. Sie sind sogar aus volkswirthschaftlichen Rücksichten zu empfehlen, weil sonst eine große Menge des schönsten Futters unbenutzt verloren gehen würde. In gleicher Weise gilt dies von der Weide. Allein, wenn das Vieh oft ohne die gehörige Beaufsichtigung des Hirten in junge Bestände getrieben wird, wenn selbst Ziegen, was der Verfasser mehr als einmal gesehen hat, in den niederen Wald getrieben und sich hier selbst überlassen werden, so darf es nicht befremden, wenn bei solcher fortgesetzten Behandlung alle Lebenskraft des jungen Baumes im ersten Keime geknickt wird. Schlecht aufgegangene oder erfrorene Saaten werden von dem Landmanne umgeackert und von Neuem besäet, von dem Walde aber verlangt man, daß aus einem beschädigten Stämmchen ein frischer kräftiger Baum entstehen soll.

---

*) Tharanter Jahrb. IV. Bd. S. 176.
**) Pfeil, krit. Blätter Bd. XI. Heft 1. S. 98.

Ueber den Werth des Laubes als Futter sind Forstwirthe und Oekonomen unter einander selbst verschiedener Ansicht; Alle kommen aber darin überein, daß nur die Blätter von zwei, höchstens drei Baumarten sich dazu eignen würden. Obgleich das Laubstreifeln nur bei dem Buschholzbetriebe anwendbar ist, so schadet es doch auch hier bedeutend, da es die Zweige und dadurch die ganze Pflanze ihrer wichtigsten Werkzeuge, Nahrungsstoffe aus der Atmosphäre einzusaugen, beraubt. Es sollte daher, zumal da der Futterwerth keineswegs hoch anzuschlagen ist und das Vieh dasselbe sehr bald überdrüssig wird, das Laubstreifeln nur in solchen Fällen angewendet werden, in welchen, wie 1842, ernstlicher Futtermangel eintritt. In anderen Jahren ist bei einer geregelten Landwirthschaft das Entnehmen von Laub gewiß zu vermeiden.

Die Landesgesetze weisen auch in vielen Ländern darauf hin, und haben die Regierungen, da wo man den Betrieb regeln zu müssen glaubte, übertriebenes Streurechen, unvorsichtige Gräsereien und Hutungen für unvereinbar mit dem Gedeihen der Waldungen gehalten. So enthält z. B. im Kgr. Sachsen das Mandat vom 30. Juli 1813 folgende Vorschriften:

§ 1. „Da die eigentliche und wesentliche Bestimmung des Waldes in der bei einer ordentlichen Forstwirthschaft zu erzielenden Holzproduction besteht, so können die übrigen Walderzeugnisse oder sogenannten Nebennutzungen, sie mögen nun dem Waldeigenthümer selbst oder einem Anderen zukommen, sowie alle auf der Waldung haftende Berechtigungen nur in einer solchen Beschränkung benutzt werden, daß dadurch nicht jene Hauptnutzungen aufgehoben oder vermindert werden."

§. 10. „Der Eigenthümer oder Verwalter eines Gehölzes ist schuldig, die jungen Gehaue ebenso lange mit der Hutung seines eigenen Viehes zu verschonen, als der Hutberechtigte einen fremden Wald."

Für Pferde sind 6 Ellen, für Rindvieh 4 Ellen, für Schafe 2½ Ellen als geringste Höhe des Waldbestandes angenommen.

Das Streben der Landleute wird also vorzüglich dahin gerichtet sein müssen, durch Abstellung dieser Mißbräuche den Wald zu verbessern. Eine vorübergehende zu starke Benutzung würde nur dann gerechtfertigt sein, wenn der zeitweilige Preis dieser Futtersurrogate (hervorgerufen durch Mißwachs der Futtergewächse des Feldes) den Geldwerth des Holzausfalles überstiege, welcher ohne die Nebennutzung zu erwarten gewesen wäre.

Die Waldstreu.

Hartig giebt auf gutem Boden von einem 80jährigen Buchenbestande 2000 Pfund, vom 100jährigen 1900, und vom 120jährigen 1800 Pfund pro Morgen an Waldstreu an. Krutzsch*) hat bei einem auf Sande erwachsenen 50- bis 60jährigen Kiefernbestande pro sächs. Acker 27966 Pfund Streu, bei 100^0 Celf. getrocknet, gefunden, bei einer 30jährigen Kiefernsaat pro Acker 25209 Pfund, bei einer 23jährigen Kiefernpflanzung pro Acker 27807 Pfund, bei einem 27 bis 30 Jahre alten Fichtenbestande 8334 Pfund.

So wenig Nachtheile sich auch bei der Streuentnahme aus dem Hochwalde, der in kurzer Zeit geschlagen werden soll, ergeben, so schädlich ist das Streurechen bei jedem anderen Waldbetriebe. Besonders da, wo sandiger Boden ist, sowie überall da, wo die Landwirthschaft schlecht bestellt ist, hat das Verfahren dazu gedient, den Boden so zu entkräften, daß es Mühe haben wird, ihn in einer Reihe von Jahren wieder zur Erzeugung gesunden Holzes fähig zu machen. Die Waldbodendecke dient als Erhalterin und Ernährerin der düngenden Humusvorräthe, sie vermittelt und bindet die Feuchtigkeit und dient als Schutzwehr gegen die austrocknenden Eigenschaften der Sonne und des Windes. Sowie ein fast nie gedüngtes Feld zuletzt fast gar keinen Ertrag geben wird, so kann man auch von einem Walde, der seiner düngenden Bodendecke beraubt ist, kein kräftiges Wachsthum verlangen, und wird diese Streuentnahme fortgesetzt, so hört zuletzt fast alles Wachsthum auf. Leider hat sich noch vielfach, namentlich bei dem kleinen Besitzer, die Ansicht erhalten, daß diese Waldstreu für die landwirthschaftlichen Bedürfnisse an Streu und Dünger unentbehrlich sei. Es mag in sehr wenig Fällen zugegeben werden, daß bei vorhandenem Strohmateriale, sowie in einigen kleinen Haushaltungen, die nur wenig Grundbesitz haben, eine Abgabe von Waldstreu wünschenswerth sei, unbedingt nothwendig ist sie aber keineswegs, selbst da nicht, wo ein sandhaltiger, magerer Boden zu seiner Kräftigung einen theilweise dem Pflanzenreiche entnommenen Dünger erfordert. Sehr viele Düngstoffe könnten sowohl von armen als von reichen Landwirthen besser benutzt und angesammelt werden, ohne daß es zu viel Arbeit und Mühe verursachte. Wie

---

*) Tharanter Jahrb. VI. Bd. 1850. S. 95 u. f.

viel Dünger geht nicht jährlich durch ungeschützte Anlage der Düngerstätten, nachlässiges Ansammeln von Jauche, durch umherliegendes Stroh, ungebrauchte Asche c. verloren.

So viel dem Verfasser bekannt ist, lastet die Servitut des Streurechens auf nur noch wenig Privatwäldern. Nur der eigene Besitzer weiß hier seinen Vortheil nicht zu wahren. Er sättigt sein Feld mit dem für dasselbe keineswegs ausreichenden Walddünger und schadet dadurch Beiden. Die Ablösung dieser Servituten auf den Waldungen des Staates und der Corporationen hat in allen Ländern die besten Erfolge gehabt und wird mit wenig Ausnahmen stets zu begünstigen sein.

Die Waldfrüchte.

Wir haben diejenigen Nebennutzungen vorangestellt, welche nur mit größter Vorsicht zu benutzen sind und deren Ertrag daher als ein zweifelhafter bezeichnet werden könnte.

Die folgenden Nebennutzungen lassen sich zwar nicht nach Centnern pro Morgen berechnen, ihre Aufsammlung ist aber bis zu einem gewissen Grade gleichfalls lohnend und haben sie den Vorzug, daß bei den meisten ein Nachtheil für den Holzwuchs unmöglich ist. Hierher rechnen wir alle Arten von Beeren, Eicheln, Bucheln, Obst, Baumsamen, Nüsse, Rinden, Säfte, Kräuter, Moose, Flechten, Pilze u. s. w. Freilich ist der Ertrag dieser einzelnen Nebenproducte so gering gewesen, daß er, zumal in den Privatwäldern, gar nicht in Anschlag kam. Die Schuld liegt aber blos darin, daß man sich keine Mühe gab, diese Producte einzusammeln und angemessen zu verwenden.

So enthalten die Früchte der Buche, die sogenannten Bucheckern oder Buchnüsse, ziemlich schmackhafte, ölreiche Samen, welche von Vielen gern gegessen werden, auch durchaus nicht nachtheilig wirken, wie man früher glaubte, vorzugsweise benutzt man sie aber als Mastfutter für Schweine und Schafe. In Württemberg, überhaupt im südlichen Deutschland, in Ungarn und Frankreich wird ziemlich viel Bucheckeröl aus den Samen gepreßt, und da es von reiner, hellgelber Farbe und frisch gepreßt von reinem Geschmacke und ohne Geruch ist, als Speiseöl anstatt Olivenöl benutzt. Das Buchöl ist dünnflüssig und an der Luft nicht trocknend, hält sich verhältnißmäßig gut, eignet sich aber weniger als Brennöl, da es ziemlich rasch aufgezehrt wird. Aus 100 Pfund reinen, von den Schalen befreiten Samen soll man durch kaltes Pressen 12 Pfd. gutes und durch nachheriges Warmpressen noch 4—6 Pfund trübes Oel erhalten können.

Die Eicheln dienten in früherer Zeit, als die Kartoffel noch nicht eingeführt oder wenig verbreitet war, fast allgemein zur Mästung der Schweine, und nur dem Umstande, daß durch die Kartoffel dasselbe auf bequemere Weise erreicht wird, ist es zuzuschreiben, daß die Eicheln nur an wenig Orten gesammelt werden. Es ist nicht die Meinung des Verfassers, daß der Landwirth zu der alten Methode zurückkehren soll; er wünscht nur, daß ein Stoff nicht unbenutzt der Verwesung überlassen werde, der so nützlich in der Landwirthschaft verwendet werden kann. Pfeil*) sagt: „In der Mastzeit von 75 bis 80 Tagen sind auf ein Schwein 8 bis 9 Berliner Scheffel Eicheln und 10 Scheffel Bucheln zu rechnen. Das Mastgeld für ein Schwein wird in Norddeutschland von 1¼ bis 3 Thlr. angenommen. Hubeny**) gibt an, daß bei guten Mastjahren auf einer Ungarischen Herrschaft von 36000 Oesterreich. Joch Größe wohl 30 bis 40000 Schweine gemästet worden sind. In diesem Falle ist die Schweinemastung sicher wichtiger als der Holzertrag.

Meistentheils gehen auch die Früchte der wilden Obstsorten, die mit großem Vortheile sowohl zur Essigbereitung, als auch zur Mast verwendet werden können, verloren. Die Früchte dieser Waldbäume haben dasselbe Schicksal, wie die Roßkastanien an den Straßen und in den Alleen der Städte. Ungeachtet ihrer Nützlichkeit sind sie nur kurze Zeit ein Spielwerk der Kinder, um dann unbenutzt zu verderben. Nach v. Berg giebt es im Mannsfeldischen am Harze Dorfschaften, welche für Haselnüsse, wenn sie einigermaßen gerathen sind, 2000 Rthlr. und mehr einnehmen. — Bei der Domaine Reifenstein im Preußischen Eichsfelde stehen in einer Allee 82 Stück wilde Birnbäume, welche einen Durchschnittsertrag von 60 Rthlrn. jährlichen Pacht abwerfen. Die Früchte werden zu Essig benutzt. — In dem Preußischen Forstreviere Lödderitz bei Aken an der Elbe werden in guten Jahren von 3 bis 400 Morgen Mittelwald, worin das Oberholz aus Obstbäumen besteht, 800 bis 1000 Rthlr. eingenommen.

Dasselbe gilt von dem Einsammeln der Beerenfrüchte, der Pilze, Moose, Kräuter u. s. w. Hier ist wohl gewöhnlich schon das Nöthigste geschehen, und der Nutzen dieser Gegenstände liegt auch so klar vor Augen,

---

*) Pfeil, Forstbenutzung u. s. w. 1845.
**) Forstliche Mittheilungen 1835.

daß darüber nichts weiter gesagt zu werden braucht. Gewöhnlich haben auch die Privatwaldbesitzer das Sammeln dieser Waldproducte stillschweigend gestattet, und die Fälle, wo die Waldbesitzer Beeren lesende arme Kinder und Frauen hart aus ihren Wäldern vertrieben, stehen zur Ehre der deutschen Landwirthe nur vereinzelt da.

Auf die Bedeutung der Pilze ist in der Neuzeit mehrfach hingewiesen worden. Sie helfen der Natur in ihrem Zerstörungswerke, indem sie den Zerfall (Fäulniß, Verwesung) der von ihnen ergriffenen Stoffe beschleunigen und den Stoffwechsel zwischen der Vergangenheit und Zukunft vermitteln. Sie helfen aber auch erbauen, da der ungemein reiche Stickstoffgehalt ihres Zelleninhaltes sie zu einem vortrefflichen Nahrungsmittel für Menschen und Thiere macht. Leider werden sie nach dieser Richtung hin noch nicht genügend gewürdigt, und zwar einzig deshalb, weil einzelne Arten giftig sind. Statt nun diese weniger giftigen Arten kennen zu lernen, um sie vermeiden zu können, begnügt man sich in den meisten Gegenden mit dem Einsammeln weniger Arten, während man das große Heer der eben genießbaren übrigen Pilze unbenutzt im Walde verwesen läßt. Selbst von ihrer Schwerverdaulichkeit weiß nur die geschwätzige Fama zu berichten, während die neuere Physiologie uns lehrt, daß nicht der Pilz an und für sich, sondern die Kochkunst mit ihrem Ueberschusse an schwerverdaulichen Fettstoffen die Veranlassung zu jener unverdienten Anklage bietet.

Beachtenswerth ist ferner der Ertrag, der aus einer angemessenen Benutzung der Rinden gewonnen werden kann. Das Bedürfniß nach Eichenrinde wird von den Gerbereien in Deutschland sehr bedeutend empfunden; es beweisen dies die Bestrebungen des Deutschen Gerbervereins für die Anlegung von Eichenschälwäldern und die Aufmunterung dazu, welche von Seiten einzelner Regierungen (z. B. von Preußen, Hannover, Württemberg) ergangen sind. So bedarf Berlin an Eichenlohe allein über 200000 Ctnr., und der jährliche Lohconsum Preußens wird auf 1,500000 Ctnr. berechnet, zu deren Erzeugung etwa 1,200000 Morgen erforderlich sein dürften.

Die Einfuhr von Gerberlohe ist im Zollvereine gegen früher gefallen, die Ausfuhr gestiegen, hauptsächlich deshalb, weil Deutschlands zahlreichere Wälder den Preis dieses Rohproductes billiger stellen lassen, seitdem die Forstwirthschaft auf die Gewinnung dieser lohnenden Nebennutzung mehr Rücksicht genommen hat. Das Preußische statistische Jahrbuch*) giebt für die Ein- und Ausfuhr im Zollvereine folgende Data, wobei zu bemerken ist, daß Gerberlohe nach dem Zollvereinstarif pro Centner 2½ Sgr. Eingangszoll zahlte. In anderen Staaten, z. B. Frankreich, war Gerberlohe bisher prohibirt, und eröffnet sich nach dem Abschlusse des deutsch-französischen Handelsvertrages für die Forstwirthschaft nach dieser Seite ein weites Absatzfeld.

	Einfuhr.	Ausfuhr.	Mehr-Einfuhr. Ctnr.	Mehr-Ausfuhr. Ctnr.
Preußen . . . . mit	34541	17369	17172	—
Luxemburg . . . „	100	5770	—	5670
Bayern . . . . „	834	6270	—	5436
Sachsen . . . . „	8011	7004	1007	—
Hannover . . . . „	9294	19149	—	9855
Württemberg . . . „	—	229	—	229
Baden . . . . „	111	10580	—	10469
Oldenburg . . . „	2113	55	2058	—
Summe	55004	66426	20237	31659
			ab	20237
			bleibt	11422

Von der Forstwirthschaft ist der Ertrag einer derartigen Nebennutzung sicher nicht außer Acht zu lassen, da nach den in den beachtenswerthen Berichten über die Generalversammlungen Deutscher Gerber enthaltenen zahlreichen Belegen der Morgen Eichenschälwald bei verhältnißmäßig geringem Anlage- und Betriebscapitale 2—6 Thlr. jährlichen Reinertrag gewährt. Ja der Eichenschälwald wird um so höheres Interesse verdienen, wenn man erwägt, daß, wie Fr. Reuter in der Gerberzeitung**) mittheilt, nicht nur die geringste Bodenklasse sich dazu eignet, sondern auch Eichen auf geringem Boden nach vielfachen Erfahrungen 60 Proc. mehr und schönere Borke geben, als auf gutem Boden gewachsene Stämme. Der Morgen des schlechtesten Bodens vermag mindestens 1½—2 Ctnr. Borke à 2 Thlr. zu produciren, und ist außer den erhaltenen circa 3 bis

---

*) Jahrgang 1860. S. 86.
**) Die Cultur der Eiche und der Weide, Separat-Abdruck. Berlin 1860.

4 Thlrn. Ertrag noch das Holz in Anschlag zu bringen, das in der Form von kleineren Nutzhölzern in den Werkstätten der Wagner und Stellmacher sehr gesucht ist.

Wenn wir uns die Aufgabe gestellt haben, die Wechselwirkung der Waldwirthschaft mit dem gesammten Wirthschaftsleben des Volkes zu beleuchten, so haben wir hier wiederum einen Beweis, wie die höchste Rentabilität mit den Consumtionsverhältnissen anderer Erwerbszweige im engsten Zusammenhange steht. Jedes Gewerbe ist bestrebt, seine Rohproducte in möglichst großer Auswahl gut und billig zu erhalten. Für die deutsche Lederfabrikation ist der billige Bezug gerbsäurehaltiger Materialien zur Lebensfrage geworden, und während sie sich genöthigt sah, große Mengen von Gerbstoff-Surrogaten aus dem Auslande zu hohen Preisen mit den Aufschlägen an Eingangszöllen unserer verkehrten Zollpolitik zu beziehen, wird sie sich hoffentlich für die nächste Zeit in den Stand gesetzt sehen, ihren Bedarf in Deutschland zu ihrem wie zu der Waldbesitzer Vortheile in nächster Nähe zu erhalten.

Die Bedeutung der Deutschen Lederproduction werden folgende Zahlen deutlich genug hervorheben lassen. Deutschland liefert 30 Procent des gesammten in Europa erzeugten Lederquantums, nämlich 105 Millionen Pfund Leder zum Werthe von 47 Mill. Thlr. und (mit 150% Aufschlag für die Verarbeitung) Lederwaaren im Werthe von 118 Mill. Thlr., während Rußland nur 25, England 21, Frankreich 16, Belgien 2 und die Türkei 1 Proc. liefern.*) Der Ruf des Preußischen und vorzugsweise des Rheinischen Fabrikates ist fast nur in der besseren Eichenlohe begründet.

In Süddeutschland hat deshalb in den letzten Jahren die Production von Eichenlohe an Ausdehnung gewonnen. In Heilbronn hat sich dafür ein eigener Markt gebildet. Das Ausgebot, das bei der ersten Versteigerung im Jahre 1860 etwa 24000 Ctnr. betrug, hob sich 1861 auf 40000 Ctnr.; die verkaufte Menge, ungeachtet der durch erhebliche Vorräthe und das gedrückte Ledergeschäft veranlaßten Flauheit im Einkaufe, hob sich von 18000 auf 20000 Ctnr., mit einem Erlöse von 60000 Fl. **) Waldbesitzer und Gerber finden es beiderseits erwünscht, daß durch diese Vereinigung des Ver-

---

*) Bericht über die 11. Generalversammlung des Deutschen Gerbervereins 1857. S. 106.
**) Arbeitgeber (Frankfurt a. M.) 1862.

kaufes ein Marktpreis der Rinde sich bildet; für die Gerber aber hat es ein ganz besonderes Interesse, da hierdurch manche Waldbesitzer veranlaßt wurden, der Rindengewinnung mehr Aufmerksamkeit zu schenken und vieles sonst zum Verbrennen bestimmte Material der Lederfabrikation anzubieten, auch das Aufbereiten der Rinde selbst zu übernehmen, um die Verwerthung an entfernt wohnende Gerber erzielen zu können.

Harz und Theer werden in Gegenden, die an Wäldern reich sind, zu lohnenden Producten. Nach England allein werden jährlich etwa 12000 Lasten Theer à 12 Faß eingeführt, wovon den größten Theil Rußland liefert. In Deutschland ist diese Production gegenwärtig gering, da Harz und Theer wohlfeiler aus Rußland und Amerika bezogen werden können. Von der Schwarzkiefer giebt Grabener*) an, daß im 120—160jährigen Alter während 10 Jahre der Harzzins pro Stamm jährlich 2 Fl. 10 Kr. Conv. M. betrage. — Die Bemerkung endlich, daß die Production an Ahorn-Zucker im Jahre 1846 in Amerika = 34495632 Pfund betrug, bedarf keines weiteren Commentars.

Das Leseholz.

Bei einer sorgfältigen Holzcultur kommen auch die Abfälle und dürren Zweige, die man unter dem Collectivbegriffe Leseholz vereinigt, in Betracht. Bleiben diese abgestorbenen Ueberreste im Walde dem Verwesungsprocesse überlassen, so gehen sie zwar im großen Haushalte der Natur nicht verloren, sie tragen auch zur besseren Kräftigung des Waldbodens mit bei, doch verbirgt sich hinter dieser Ausflucht in der Regel die Sorglosigkeit oder Bequemlichkeit der Besitzer. Der Hochwald producirt das meiste Leseholz bis zum Alter von 40 bis 50 Jahren, und zwar auf kräftigem Boden und bei den Holzarten, welche geschlossen wachsen, mehr als unter anderen Verhältnissen.

Pfeil**) berechnet von dem Morgen Kiefernwald in den Marken einen jährlichen Ertrag von 12 Cub.-F. In den Mittelwaldsforsten des Mansfeld'schen Harzes werden pro Morgen den ganzen Umtrieb hindurch jährlich 6 Cub.-F. Leseholzertrag berechnet.***) In einem Gutachten über den Ertrag dieser Nutzung schätzt Pfeil mit dem Hauspane und dem Abraume den Ertrag

---

*) v. Wedekind, Jahrb. 34. Hft.
**) Krit. Blätter XVII., B. 1. Hft. S. 247.
***) Krit. Blätter XI. B. 1. Hft. S. 99.

in Buchen zu 5,2 Cub.-F. jährlich, in reinen Kiefern zu 4,5 Cub.-F.; vom Ausschlagewalde zu 5 Procent der Holzproduction; aus einem Eichenkamp zu 18,5 Cub.-F. und aus einem Fichtenkamp zu 16,25 Cub.-F. — Aus dem Hannöverschen an der Weser wird der Betrag, welchen ein Kind an Leseholz in einem Tage gewinnt, zu $1/2$ Cub.-F. angegeben. — Nimmt man an, daß der Morgen Waldboden jährlich 6 Cubikfuß Leseholz gebe, rechnet man die Klafter Brennholz zu 80 Cubikfuß, und setzt man dem geringeren Heizwerthe des Leseholzes gegenüber 120 Cubikfuß = 1 Klafter Brennholz, so würden schon 20 Morgen Hochwald im Stande sein, an Stoffen, die gewöhnlich ganz unbenutzt verloren gehen, einen Geldwerth von 3—6 Thlrn., je nach den localen Holzpreisen zu liefern.

Der Verfasser rechnet die Erträge des Leseholzes mit zu den Nebennutzungen, weil die Art und Weise der Einsammlung mit den bereits genannten Waldproducten die größte Aehnlichkeit hat. Sie erfolgt nach dem Principe der Arbeitstheilung. Den Nutzen dieser Nebenproducte, entgegnen die Landleute, haben wir schon längst eingesehen, allein wir haben kaum Zeit genug, um mit unseren Leuten unser Feld zu bestellen, viel weniger aber, um solche mühsame Arbeiten, bei denen die aufgewendete Zeit nicht zum vierten Theile bezahlt wird, zu unternehmen. Daß der Landwirth oder einer seiner Dienstboten diese leichten Arbeiten übernehmen sollte, wäre aber jedenfalls eine verkehrte Ansicht. Der Gewinn würde zur Arbeit in keinem Verhältnisse stehen. Für Niemanden paßt dieses Sammeln besser, als für die Kinder. Ein verständiger Landwirth wird eher den Kindern armer Leute die Hälfte, vielleicht auch $3/4$ des Betrages an Geld oder Naturalien für diese Mühe geben, als daß er das Ganze unbenutzt im Walde verderben ließe. Ja, es wäre zu überlegen, ob der Landwirth, abgesehen von jeder Mildthätigkeit, nicht auch selbst dann diese Arbeit von armen Kindern verrichten ließe, wenn ihm auch gar kein Gewinn daraus erwachsen sollte, wenn er ihnen also, sobald diese Arbeit sehr wenig lohnend wäre, entweder diese Producte unentgeltlich überließe, oder sie zu entsprechendem Preise, vielleicht mit Naturalien, bezahlte. — Bleiben wir zuerst bei dem Leseholze stehen. Der Holzbedarf gewisser armer Leute wird den Winter hindurch trotz der größten Wachsamkeit doch aus den Waldungen oder von den Holzhaufen Anderer gedeckt. Der Verlust dieser Waldbesitzer wird aber um so geringer sein, je mehr die Armen Gelegenheit haben, durch ihre Kinder einen Theil ihres Brennholzes lesen zu lassen. Auf die andere Art verdienen die Kinder entweder Geld oder einen Theil der nöthigen Lebensmittel. Beides trägt aber dazu bei, solche Familien nicht verarmen zu lassen, d. h. sie fallen der Gemeinde und dadurch auch jenen Waldbesitzern nicht zur Last. Andererseits werden sich auch jene Familien ihren Wohlthätern dankbar erzeigen; die Kinder werden zur Arbeit angehalten und zu nützlichen und braven Dienstboten erzogen. Es würde also hier vortheilhaft sein, selbst da Arbeit zu geben, wo diese scheinbar dem Arbeitgeber keinen Gewinn abwirft.

So zweckmäßig aber auch die Aufsammlung dieser Nebenproducte durch die Kinder zu sein scheint, so fehlt es doch auch hier nicht an einer Schattenseite. Gelegenheit macht Diebe, und so könnte es auch hier geschehen, daß diese Kinder, wie es leider geschieht, durch böses Beispiel verführt oder auf Anrathen der Aeltern, manchmal hier und da einen Ast von einem Busche oder Baume entwendeten. Ebenso konnte da, wo sie das Leseholz dem Besitzer abliefern müßten, leicht ein Bündel im Walde zurückgelassen werden, das zu gelegener Zeit abgeholt würde. Deshalb möchte es vortheilhaft sein, daß der Besitzer dies möglichst überwache und die Erlaubniß nur an solchen Tagen gebe, wo er in der Nähe beschäftigt ist, oder seine Zeit ihm gestattet, die kleinen Arbeiter nicht ganz ohne alle Aufsicht zu lassen. Ist die Auswahl unter mehreren Familien möglich, so erhalten selbstverständlich nur die Kinder der im besten Rufe stehenden die Erlaubniß.

Bienenzucht und Jagd.

Fast zugleich mit den ausgedehnten Wäldern ist auch ein Zweig der Landwirthschaft beinahe ganz verschwunden, dessen Pflege, wenn auch nicht an den Wald gebunden, doch durch das Vorhandensein eines frischen, kräftigen Waldbestandes wesentlich gefördert wird. Es ist dies die Bienenzucht. Früher vielfach gepflegt, so lange der Honig nicht durch den Zucker verdrängt ward, fristet sie in manchen Gegenden Deutschlands ein kümmerliches Dasein, während sie in anderen Theilen, namentlich in der Landdrostei Lüneburg in Hannover, wesentlich zum Wohlstande mit beiträgt. Es ward bei der Versammlung deutscher Forst- und Landwirthe in Hannover nachgewiesen, daß die Landdrostei Lüneburg allein jährlich für 600000 Thaler Honig und Wachs erzeugt. Wenn man auch zugeben muß, daß die Verhältnisse dort für die Bienenzucht die günstigsten sind, so ist doch wiederum nicht zu leugnen, daß an anderen Orten viele Centner Bienenproducte unbenutzt verloren gehen und im Herbste mit der zurückgehenden Natur verwesen. Unsere Gärten und Wiesen, unsere Kleefelder und Oelsaaten, besonders aber unsere Waldungen würden uns einen großen Theil des Zuckerstoffes liefern, den wir jetzt mit schwerem Gelde aus fernen Ländern beziehen, oder, was fast noch schlimmer, mit Hilfe übermäßig hoher Schutzzölle auf wenig wirthschaftliche Weise selbst produciren. Und dies ist noch nicht der einzige Nutzen. Dieser Klasse der Insectenwelt ist ganz besonders von der Natur die Vermittlung der Pflanzenbefruchtung übertragen, und durch ihre emsige Thätigkeit führen die kleinen Thierchen ihren Auftrag auf das Sorgfältigste aus. Wenn man auch in Deutschland in der nächsten Zeit nicht so weit gehen wird, daß, wie vorgeschlagen worden ist, auf ähnliche Weise wie bei der Jagd, in einer ganzen Gegend das Recht der Bienenzucht an Einzelne verpachtet wird, was nach den Rechtsgrundsätzen ganz in der Ordnung wäre, so könnte man doch bei uns die Bienenzucht mehr pflegen, und auf diese Weise von den Waldungen einen Nutzen ziehen, der ohne jene ganz verloren ginge.

Kann auch von der Jagd nicht dasselbe, wie von der Bienenzucht, in Bezug auf den Ertrag gesagt werden, so ist sie hier, wo es darauf ankommt, die höchste Ausnutzung des Waldes in Anschlag zu bringen, doch nicht unerwähnt zu lassen. Damit soll keineswegs gesagt sein, daß ein größerer Wildstand wünschenswerth wäre, damit der Wald rentabler gemacht werde, nein, es soll hier nur in aller Kürze nachgewiesen werden, wie unrecht man thut, wenn man den Ertrag des Waldes nur nach dem geschlagenen Holze berechnet. Der Werth eines Jagdbezirkes wird sich aber allemal nach den vorhandenen Ackern Holzland richten. Wird doch der Jagdertrag der sächsischen Staatswaldungen allein auf 60000 Thlr., d. h. durchschnittlich auf ziemlich $\frac{1}{8}$ Thaler pro Morgen berechnet [*]).

Nicht ohne ein gewisses Bedauern erwähnt der Verfasser eine dritte Nebennutzung des Waldes, den Ertrag aus dem Verkaufe der Singvögel, der besonders im Harze und in Thüringen in Blüthe steht. Den armen

---

[*]) Zeitschrift des Sächsischen statistischen Bureaus 1856. Nr. 3.

Familien würde der geringe Verdienst gewiß zu gönnen sein, wenn damit nicht ein allzu großer Mißbrauch getrieben würde. Auf die Schonung der Singvögel, zumal aller derer, welche die schädlichen Forstinsecten vertilgen, kann nämlich nicht genug aufmerksam gemacht werden, zumal da es nur zu häufig vorkommt, daß die Schuljugend bald mit bald ohne Wissen der Aeltern eifrig den Nestern der kleinen Vögel nachstellt und selbst auch Erwachsene keine Mühe scheuen, die kleinen gefiederten Sänger wegzufangen. Diese kleinen muntern Thierchen erfreuen uns aber nicht nur durch ihren Gesang, sondern nützen weit mehr dadurch, daß sie eifrig gegen die Insecten zu Felde ziehen. Der Schaden, den sie bisweilen an Feld- und Gartenfrüchten anrichten, ist dagegen gering zu nennen, zumal da man sich durch geringfügige Vorkehrungen leicht davor schützen kann. Selbst der Sperling, jener berüchtigte Proletarier, der seine bekannte Naschhaftigkeit mit gleichgroßer Schlauheit verbindet, ersetzt den verursachten Schaden durch Vertilgung der Raupen reichlich. Daher Schonung der Singvögel, nicht blos des Waldes, sondern auch des Gartens und der Krautfelder wegen. Es ist dies fast die einzige wirksame Art und Weise, wie wir die Verheerungen der Forstinsecten verhüten können, besonders da die häufig kranken Bestände das Einnisten und Ueberhandnehmen derselben begünstigen.

Dem aufmerksamen Beobachter wird es auf diese Art und Weise nicht schwer werden, seinem Walde einen ziemlich hohen Ertrag abzugewinnen. Es kommt nur darauf an, daß Alles mit der nöthigen Umsicht und auf die rechte Weise geschehe.

Sobald der Waldbau mehr als früher eintragen wird, wird auch das Interesse der Landleute daran zunehmen. Es klingt dies materiell, ist es aber keineswegs. Jeder andere Geschäftsmann wird einen Artikel, der ihm keinen Verdienst abwirft, nicht mehr führen; jeder Handwerker eine Arbeit, die nicht bezahlt wird, einstellen. Der Landmann kann nicht auf jedem Boden einen gleichen Ertrag erzielen; er wird aber auf den Acker, der sich am dankbarsten für die Pflege zeigt, auch die meiste Mühe verwenden. Sobald es möglich sein würde, dem Walde einen höheren Ertrag abzugewinnen, würde auch der Landmann gern mehr Mühe auf seine Pflege verwenden. Ob das Ideal alles Waldbaues, die Anwendung der Zinseszinsrechnung, später einmal allgemein erreicht werden könnte, muß dahingestellt bleiben; bis heute ist man diesem Ideale immer näher gekommen.

Es ist endlich eine bekannte Thatsache, daß eine mit Wald bepflanzte gute Bodenklasse nicht denselben Ertrag an Geld giebt, als wenn dasselbe Stück Land mit Getreide besäet ist, schon allein deshalb, weil auf ein Stück Waldland nicht gleiche Arbeitskraft verwendet zu werden braucht. Weniger bekannt scheint aber zu sein, daß auf einer geringen Bodenklasse der Waldbau, gehörig betrieben, mehr Ertrag in Geldwerth liefert, als der Feldbau nach Abzug der auf das Feld verwendeten Arbeitskraft für Menschen und Thiere, nach Abrechnung des Samens und Düngers. Daraus schon folgt der wichtige Grundsatz:

„Man übergebe das gute Land dem Ackerbau, das geringere dem Waldbau."

Eine scharfe Grenze wird sich allerdings nicht ziehen lassen, da sich dies nach der Zahl der in der Umgegend vorhandenen Wälder, nach dem Holzbedürfnisse, der Meereshöhe des Ortes und den vorwiegenden chemischen Bestandtheilen des Bodens richten muß.

VII.

Nationalökonomische Principien der Forstwirthschaft.

Faßt man die volkswirthschaftliche Bedeutung des Waldes ins Auge, so ist zuvörderst die Holzproduction für das Wohlbefinden der Bewohner unentbehrlich. Die übrigen werthvollen Producte, und zwar meist solche, deren Erzeugung ausschließlich auf den Wald beschränkt ist, tragen nicht minder zur Erhaltung des Menschen bei. Sie befördern die Industrie, beleben Handel und Verkehr, da sie zur Gütererzeugung gleich unentbehrlich sind.

Die Forstwirthschaft beschäftigt allerdings weniger Arbeitskräfte, als die meisten übrigen Zweige der Landwirthschaft, sie erfordert gleichfalls weniger Betriebscapital, ihre volkswirthschaftliche Bedeutung ist aber auch nach dieser Seite wichtiger, als man gewöhnlich annimmt.

Die Landwirthschaft braucht außer Grund und Boden als Betriebscapital Saatkörner, Ackergeräthe, Vieh, Düngemittel, sie verwendet ferner auf die Bodenbestellung bald viel, bald wenig Arbeit. Es ist bekannt, daß diejenige Wirthschaftsmethode, welche viel Land mit wenig Arbeit und Capital bestellt, extensiv, diejenige, welche wenig Land mit viel Capital und Arbeit befruchtet, intensiv genannt wird. Wie die letztere in allen reichen, dichtbevölkerten und hochcultivirten Gegenden vorherrscht, so die erstere in allen armen, dünnbevölkerten und niedrigcultivirten Gegenden *).

---

*) Es ist noch gar nicht lange her, daß man extensive Wirthschaft und schlechte Wirthschaft als gleichbedeutend ansah. Ebeling z. B., der mit Recht berühmte Verfasser

Nationalökonomische Principien der Forstwirthschaft.

Die Forstwirthschaft verlangt neben dem Grund und Boden (dem Bodencapitale) zwar ein geringeres Betriebscapital an Gebäuden, Vieh und Geschirr, als die Landwirthschaft, doch fast immer einen großen Materialfond in der Bestandesmasse eines nachhaltig zu bewirthschaftenden Waldes. Mindestens verlangt sie, wenn ein aussetzender Betrieb geführt werden soll, einen Producenten, welcher andere Hilfsmittel für seinen Unterhalt besitzt, um lange Zeit hindurch das Einkommen aus seinem Walde entbehren zu können.

Der Holzvorrath ist das Capital, die Zinsen bildet das nachwachsende Holzquantum. Für die einzelnen Holzsorten berechnet sich dieses Nachwachsen nach einer Tabelle von v. Berg*) in folgender Skala:

	Holzarten.	Altersklassen, Jahre.											
		10	20	30	40	50	60	70	80	90	100	110	120
Hochwald	Buchen	7	36	98	199	343	534	—	774	1066	1411	1810	2262	2767
	Birken	21	96	226	410	639	899	—	—	—	—	—	—
	Kiefern	12	55	132	249	409	611	854	1133	1447	1792	2164	2560
	Fichten	17	78	190	357	582	868	1222	1651	2159	2742	3398	4128

	Holzarten.	Altersklassen, Jahre.							
		5	10	15	20	25	30	35	40
Niederwald	Birken	5	22	53	98	154	219	—	—
	Erlen	7	31	70	124	193	276	374	486
	Eichen	5	20	45	79	121	170	—	—
	Buchen u. Hainbuchen	2	11	26	47	75	111	152	199
	Haseln, Aspen, Linden, Weiden	5	22	46	75	—	—	—	—

der Erdbeschreibung von Nordamerika, verfehlt doch fast bei keinem dortigen Staate, über die Ungeschicklichkeit des Ackerbaues zu klagen. Er rechnet dahin das ungründliche Pflügen und Eggen, den Mangel des Fruchtwechsels, der eifrigen Düngung und Aehnliches mehr. Die Nationalökonomik ist aber seitdem, zumal durch die Verdienste von Thünens, zu der Einsicht gelangt, daß die Landwirthschaft nur da vortheilhaft intensiv betrieben werden kann, wo die Preise der Bodenproduction hoch stehen, wo also die Bevölkerung zahlreich und wohlhabend, der Markt nahe, überhaupt die volkswirthschaftliche Cultur bedeutend ist. Hier pflegt der Boden theuer, Capitalien und Arbeiten wohlfeil zu sein; auf den niederen Culturstufen verhält es sich gerade umgekehrt: da ist an Capitalien und Arbeitern Mangel, während der Boden im Ueberflusse vorhanden ist. Man muß daher in jedem Falle Haus zu halten wissen, dort am Boden, hier an Capital und Arbeit zu sparen suchen, und die jeweilig wohlfeileren Factoren der landwirthschaftlichen Production so viel wie möglich ausbeuten. (Roscher.)

*) v. Berg, Staatsforstwirthschaftslehre. S. 52.

Hundeshagen (Encyclopädie II. B. S. 75) ist sogar der Ansicht, daß im Waldgewerbe im Durchschnitte ein vierfach größeres Grundcapital stecke, als in der gewöhnlichen Landwirthschaft, um einerlei Arbeitseinkommen aus beiden zu beziehen; zu einem gleichen Rohertrage aber ein 20- bis 25fach größeres Grundcapital nöthig sei, als bei der bäuerlichen Landwirthschaft.

Es kommt dazu, daß die Waldwirthschaft mit dem höchsten Gewinne nur bei einem gewissen größeren Umfange betrieben werden kann.

Hätte man dies überall erkannt, so würde sich längst ein Mittel gefunden haben, den geringen Ertrag kleiner Waldparzellen zu steigern. Seitdem man nämlich von Seiten der Landwirthschaft hat einsehen lernen, daß das Zusammenlegen der Grundstücke für den Betrieb mit wichtigen wirthschaftlichen Vortheilen verbunden ist, wird die möglichste Zusammenlegung der Waldgrundstücke eines Dorfes und gemeinschaftliche Bewirthschaftung derselben die Idee der Productiv-Genossenschaften am wirksamsten in die Landwirthschaft einführen lassen. Auf den Geldertrag der Privatforsten würde dies von wesentlichem Einflusse sein; denn dann wäre eine ordentliche Bewirthschaftung des Waldes als die für den Geldertrag einträglichste möglich. Freilich möchte dies an vielen Orten an den Sonderinteressen scheitern, wie zu befürchten ist, daß es hier und da an dem guten Willen und an der nöthigen Einsicht fehlen wird.

Bei dem Vergleiche mit der Rentabilität, dem aufgewendeten Betriebscapitale und den beschäftigten Arbeitskräften zwischen der Land- und der Forstwirthschaft, darf man indeß auch nicht übersehen, daß der forstwirthschaftliche Betrieb häufig auf einem Boden arbeitet, der nur mit Wald bestanden eine Rente gewährt, und deshalb ist das Bodencapital für das Waldgewerbe immer niedriger zu veranschlagen, als für die Landwirthschaft, ja es kann, wenn der Boden ohne Holzwuchs gar nicht genützt werden kann, ganz ohne Werth sein.

Es ergab sich aus der zuletzt erwähnten Tabelle sofort, daß im Niederwalde mit 40jährigem Umtriebe dreimal geerntet werden kann, ehe der Hochwald mit 120jährigem Umtriebe (die Nebennutzungen einstweilen abgerechnet) eine Rente giebt. Der Ertrag übersteigt dann aber auch die Production des Niederwaldes nicht nur um das Dreifache, sondern er fügt je nach der Bodenbeschaffenheit und der Holzart ein größeres oder kleineres Plus hinzu, das bei normalen Verhältnissen dem landesgiltigen Zinsfuße für das stehen gebliebene Holzcapital gleichkommen müßte. Pfeil*) rechnet als Durchschnittsertrag vom Preußischen Morgen bei vollem Bestande mit

	Hochwald.	Niederwald.
auf gutem Boden	28 C.-F. Eichenholz oder 30 C.-F. Buchenholz oder 28 C.-F. Birkenholz	24 C.-F. Eichenholz oder 16 C.-F. Buchenholz oder 34 C.-F. Birkenholz
auf mittlerem Boden	20 C.-F. Eichenholz oder 22 C.-F. Buchenholz oder 20 C.-F. Birkenholz	20 C.-F. Eichenholz oder 14 C.-F. Buchenholz oder 28 C.-F. Birkenholz
auf schlechtem Boden	12 C.-F. Eichenholz oder 12 C.-F. Buchenholz oder 12 C.-F. Birkenholz	16 C.-F. Eichenholz oder 12 C.-F. Buchenholz oder 22 C.-F. Birkenholz.

Bei schlechtem Boden hört daher das Wachsthum der Bäume viel früher auf, und muß dann der Umtrieb kürzer sein, da der Niederwald in derselben Zeit mehr producirt, als der Hochwald.

In der Regel wird sich allerdings die rentabelste Betriebsart nach den localen Bedürfnissen und nach der Nachfrage des Marktes richten. Für die Landwirthschaft, welche im Besitze kleinerer Waldflächen ist, wird die Frage: ob Hochwald oder Niederwald? practisch dahin zu übersetzen sein: ob Nutzholz oder Brennholz zu erzielen sei? In früheren Jahren fand die letztere Art die meisten Abnehmer; es läßt sich aber fast sicher annehmen, daß bei der Vermehrung der aus der Erde geförderten Stein- und Braunkohlen und bei dem erleichterten Transporte durch Eisenbahnen die Nachfrage nach Brennholz sich immer mehr vermindern wird. Nutzholz dagegen wird bei dem steigenden Verbrauche von Seiten der Gewerbe immer mehr begehrt werden, und ist es nothwendig, daß der Landmann

---

*) Pfeil, Forstwirthschaft S. 329.

darauf achte. Bei dem Waldbau zumal ist Speculation nöthig, da der Forstwirth bei der Anpflanzung den Bedarf der nächsten Jahrzehnte vorauserwägen muß. Der Erziehung von Nutzholz dürften aber die kleinen Waldparzellen von nur wenig Morgen Land, wie wir sie namentlich in den fruchtbarsten Gegenden Deutschlands finden, nicht sehr förderlich sein. Dazu kommt noch, daß man meistens auf solchen kleinen Holzgrundstücken Laubholz antrifft, das, obgleich zu den mannichfachsten Zwecken verwendbar, doch die geringste Menge Nutzholz gewährt. Hier dürfte es am gerathensten sein, den Buschholzbetrieb als Brennholz für den eigenen Bedarf zu lassen, und einzelne schöne Stämme als Nutzholz heranzuziehen, oder den ganzen Wald in Nadelholz umzusetzen.

Von nicht geringem Einflusse ist es ferner, daß die menschliche Kraft den Gefahren, welchen der Wald während seines langen Wachsthums unterworfen sein kann, wie Sturm, Insectenfraß, Schneebruch, Feuer nur ausnahmsweise entgegenzuwirken vermag. Die Landwirthschaft überträgt durch die Versicherungs-Institute den durch unvorhergesehene elementare Eingriffe in ihr Eigenthum verursachten Schaden (Hagelschlag, Viehsterben, Feuersgefahr) auf die Gesammtheit der Mitversicherten oder läßt sich von der Actiengesellschaft Entschädigung im Voraus garantiren. — Dem Waldbesitzer ist zur Zeit noch keine Gelegenheit gegeben, für Calamitäten, deren Beseitigung nicht in seiner Kraft liegt, sich von der Gesammtheit der Schadlosgebliebenen entschädigen zu lassen. Soll der Verlust getragen werden können, so ist dazu wiederum ein Producent erforderlich, welcher längere Zeit hindurch auf ein Einkommen aus dem Walde verzichten kann. Dasselbe gilt von Fehlern, welche in der Bewirthschaftung des Waldes sich Jahrzehnte hindurch dem prüfenden Auge des Besitzers entziehen können, während bei der Landwirthschaft zwei, drei Ernten hinreichend sind, selbst Demjenigen die Augen zu öffnen, der für sein Bewirthschaftungssystem partheiisch eingenommen ist. Wiederum handelt es sich daher um große Flächen, um lange Umtriebszeit, um das Verzichten auf eine angemessene Rente auf Jahre hinaus: es handelt sich um ein großes Anlagecapital.

Ganz anders ist es mit dem Betriebscapitale und der darauf zu verwendenden Arbeit. Die einheimischen Holzpflanzen säen sich selbst aus, oder bedürfen je nach dem Betriebe auf 30, 40 bis 100 Jahre hinaus nur einer einmaligen Anpflanzung durch die menschliche Hand. Der Wald düngt sich selbst durch das abfallende Laub; er bedarf, da sein Gedeihen von den Witterungsverhältnissen weniger abhängig ist, nur selten der schützenden und bessernden menschlichen Pflege. Die Waldpflege erstreckt sich bekanntlich, außer den Entwässerungen, Behäufelungen von Culturen, welche stets nur eine verhältnißmäßig geringe Arbeitsleistung erfordern, vorzüglich auf Durchlichtung der jungen Bestände und Entästungen. Und selbst diese Arbeiten werden oft unterlassen, weil sie einen Ueberschuß nicht gewähren. Es ist das jedenfalls tadelnswerth, weil dadurch für das Gesammtvermögen des Volkes ein doppelter Verlust entsteht: an geringem Wuchse der zu gedrängt stehenden Bestände und am Materialverluste des Holzes, das im Walde nutzlos verloren geht, wobei wir den Verlust an Arbeitsgewährung noch gar nicht erwähnen.

Die eigentliche Arbeit tritt nur bei der Ernte ein, also in einem Zeitraume von 30—100 Jahren. Und weil das im Winter gehauene Holz in jeder Hinsicht dauerhafter ist und mehr Heizwerth enthält, verlegt man die Ernte gewöhnlich in die Winterzeit, wo die Feldgeschäfte ruhen und der Tagelohn am niedrigsten ist. Mit den Erntearbeiten fallen nicht selten auch die Verjüngungsarbeiten zusammen. Ebenso wenig ist in der Regel ein Inventarium von Thierkräften für die Waldproduction erforderlich; als Aufbewahrungs- und erstes Verarbeitungslocal, wie es der Landwirth in seiner Scheuer besitzt, pflegt dem Forstwirthe der Wald selbst zu dienen.

Selbst bei dem Transport der Producte bedarf es meist weniger Arbeit, als bei den landwirthschaftlichen Erzeugnissen. Der schiefe Abhang gestattet das Herabrollen des Stammes, die steile Felswand das Herabwerfen der Scheite, am Drahtseile gleitet der Kloß über das Thal und unten nimmt der Gebirgsbach den Fremdling auf, der hoch über seinen Ufern an steiler Höhe wuchs, und führt ihn, nur hier und da unterstützt von dem Floßarbeiter, weit fort in ferne Lande.

Sogar die eigentliche Waldindustrie, die Gewinnung von Harz, Pech, Theer, das Kohlenbrennen erfordert weniger Arbeitskraft, vielleicht weniger Intelligenz, wie die landwirthschaftlichen Nebengewerbe. Kohlenbrennereien haben den Erfolg, die geographisch abgelegenen Wälder ökonomisch dem Markte zu nähern, weil das gut verkohlte Holz an Gewicht und Umfang bedeutend mehr verliert, als an Wärmekraft. Aus noch weiter entfernten Wäldern können meist noch Harz, Theer und Pech, ganz zuletzt wenigstens noch Pottasche bezogen werden. Dies sind Producte, welche für den Forstwirth eine ähnliche Rolle spielen, wie der Branntwein für den Kornproducenten, oder wie Häute, Wolle, Talg und Hörner für den Viehzüchter. (Roscher.*)

Die Zahl der Arbeiter entspricht auch ganz und gar den nur angestellten Betrachtungen. So rechnet Hundeshagen**), daß auf 7000 Morgen erforderlich seien:

Ein Revierförster.
Drei bis vier Waldschützen.
Ein Waldarbeiter zur Hilfe bei den Culturarbeiten.
Neun Holzhauer zur Aufarbeit der Hölzer;

also im Ganzen 14 Menschen, so daß eine Person auf 500 Morgen Betriebsfläche kommt. Nach einer Berechnung in den ökonomischen Neuigkeiten Nr. 26 1850, wird sogar für eine Betriebsfläche von 608 Morgen Wald nur eine Arbeitskraft verlangt.

Diese Angaben hält indessen v. Berg für zu gering, wenn man danach den Arbeitsverdienst, welchen der Wald gewährt, bemessen will. Auch lassen sich solche allgemeine Durchschnittszahlen schwer ziehen, weil nicht jede Bewirthschaftungsform eine gleiche Arbeitsmasse gewährt. Immerhin erklärt sich aber leicht daraus, warum die Landwirthschaft die abgelegensten Theile ihres Besitzthumes als Wald stehen läßt, oder sogar in Wald verwandelt. Die seltneren Arbeiten im Forste lassen den weiteren Weg von der Wohnung zur Arbeitsstätte erträglicher finden, als bei dem Felde, das der Arbeiter nach ungefährer Durchschnittsberechnung mindestens zwölfmal betreten muß.

Alle diese Verhältnisse führen Roscher dazu, sie auf ein sehr einfaches und allgemeines nationalökonomisches Princip zu stellen, und eben dadurch unter die Regel selbst bringen zu lassen.***)

---

*) Roscher, ein nationalökonomisches Hauptprincip der Forstwissenschaft.
**) Hundeshagen, Encyclopädie 3. Bd.
***) Roscher, System der Volkswirthschaft Bd. 2 S. 501, und
Ein nationalökonom. Hauptprincip der Forstw. S. 6.

Nationalökonomische Principien der Forstwirthschaft.

„Die Forstwirthschaft unterscheidet sich, bei aller Aehnlichkeit, in vielen Punkten von der Landwirthschaft; der bedeutendste Unterschied aber liegt darin:

daß die Forsten ungleich weniger intensiv bewirthschaftet werden, als die Aecker, Wiesen ꝛc. derselben Zeit und Gegend.

Die Forstproducte sind in viel höherem Grade Naturerzeugniß; Capital und Arbeit wirken zu ihrer Entstehung viel weniger mit, als zur Entstehung der Landbauproducte."

Vergleichen wir damit die Statistik, so wird bei dem Ackerbaue im mittleren Deutschland ein Gut von 100 Morgen Größe bei einer mittelguten Bewirthschaftung zur Bearbeitung bedürfen, neben dem Besitzer und dessen Ehefrau, das Jahr hindurch: zwei Knechte, drei Mägde und zwei Tagelöhner, also 9 Menschen. — Auf 100 Joch Ackerland = 225 Preuß. Morgen werden bei der Dreifelderwirthschaft 13 Arbeiter, bei der Fruchtwechselwirthschaft 17 Arbeiter und wenn diese Wurzelgewächse in ihren Turnus aufnimmt, sogar 22 Menschen gebraucht. Beim Baue von Mais, Runkelrüben und Gespinnstpflanzen sind 27 Arbeiter nöthig. Die Graswirthschaft dagegen beschäftigt auf 151 Morgen einen Menschen*). Gegen 5 Morgen Rebenland beschäftigen eine Familie**). In der Nähe großer Städte genügen sogar 2 bis 3 Morgen gutes Gartenland, um einer Familie von 5 Köpfen Arbeit und Unterhalt zu gewähren***).

Je nach den verschiedenen Systemen ist auch der Grad der Intensität verschieden, und richtet sich dies vorzugsweise nach dem Preise der Waldproducte, der wiederum von der größeren Nachfrage, d. h. von der stärkeren Bevölkerung der Umgebung und deren Consumtion an Brenn- und Nutzholz und sonstigen Nebenproducten abhängt. Unter sonst gleichen Umständen tritt der einiger Maßen intensive Betrieb am frühesten auf gutem Boden oder bei mildem Klima auf; wie es auch im Ackerbaue Regel ist, daß schlechter Boden und rauhes Klima gern eine weniger intensive Bewirthschaftung zur Folge haben, als sonst angemessen wäre. — So kann das Schlagsystem einen viel größeren Holz- und Weideertrag liefern,

---

*) Oekonomische Neuigkeiten Nr. 26. 1850.
**) Rau, I. S. 487.
***) Zusammenstellung in v. Berg, Staatsforstw. S. 42.

als das ältere, so leicht zu Waldverwüstungen führende Plänterspstem. Es erfordert aber auch eine viel regelmäßigere und intelligentere Arbeit, die in Ländern, wie Rußland oder Nordamerika, gewiß nur ausnahmsweise zu beschaffen ist.

In seiner Forstwirthschaftslehre*) giebt Oberforstrath v. Berg höchst interessante Data über den Arbeitsverdienst bei den verschiedenen Betriebsarten. In einem Reviere der Hannöverschen Forstinspection Lauterberg ernährt ein Revier von 13459 Morgen 106 Familien einzig und allein durch Waldarbeit, so daß auf 127 Morgen eine Familie kommt. Bei den einfacheren Waldwirthschaften, wo nur rohes Bau- und Nutzholz und Brennholz abgegeben wird, und wo überwiegend Nadelholz ist, erhält man andere Resultate.

Als Beispiel mag das Tharanter Revier von 4126 Morgen Größe dienen. Im Durchschnitte von 5 Jahren gewährte dasselbe an Arbeitsverdienst jährlich:

        Waldarbeit   1110 Rthlr.
        Culturarbeit   405 „
        Waldwegebau   130 „
        Holzbringerlohn   10 „
        Nebenkosten   30 „
        Summa 1685 Rthlr.

was nach dem durchschnittlichen Unterhalte Arbeitsverdienst für 16 Arbeiter gewähren würde. Dazu kommt für die Verwaltung: ein Revierförster, ein Revierjäger, ein Forstgehilfe und ein Zeichenschläger, also in Summa 20 Personen, wonach auf ein Familienhaupt 206,2 Morgen Wald kommen.

Aus diesen der Praxis entnommenen Beispielen wird die Ansicht von der geringen Arbeitsrente der Wälder kaum für alle Fälle festzuhalten sein. Sie steht bei dem ersten Falle höher, als bei der Graswirthschaft, und steigt im geraden Verhältnisse mit der Intensität des Betriebes.

Dagegen kann es als ein Beweis der geringeren Intensität betrachtet werden, wenn der privatwirthschaftliche Reinertrag der Forsten bei aller absoluten Geringfügigkeit eine so ungemein große Quote des Rohertrages bildet. Nach Hundeshagen wären die Productionskosten im Durchschnitte nur 32 Procent, der Reinertrag folglich 68 Procent des

---

*) S. 43—45.

Rohertrages. Officielle Angaben*) über die Staatsforstverwaltung stellen die Kosten in Preußen auf 42, in Baden auf 33, Hessen-Darmstadt auf 20, Württemberg auf 50, Sachsen-Weimar auf 16, Belgien auf 19, Frankreich sogar nur auf 13 Procent des Rohertrages, in den beiden letzten Staaten (nach Roscher) deshalb so wenig, weil hier der Verkauf des Holzes auf dem Stamme üblich ist. Man findet ja, fährt unser Gewährsmann fort, auch bei der Landwirthschaft, je weniger intensiv sie getrieben wird, desto geringer freilich der Gesammtertrag ihrer Production, desto größer indessen der Ueberschuß, welchen dieser Betrag über die Productionskosten liefert. Auf einer Südseeinsel, wo „das Brot nur vom Baume gepflückt zu werden braucht", mag der Reinertrag auf einige 90 Procent des Rohertrages geschätzt werden; in einer belgischen Wirthschaft nur etwas über 27 Procent. Ein Theil des Forstertrages darf noch jetzt gewiß in den meisten Ländern als völlig freies Geschenk der Natur bezeichnet werden; als ein Ueberrest aus der Zeit der Urwälder. Das Niveau der Preise, dem alle Waaren zustreben, wo Güter von gleichen Productionskosten gleichen Tauschwerth behaupten, ist zwischen Wald und Feld nur in wenigen Gegenden wirklich erreicht. Noch an sehr vielen Stellen bringt ein Acker Wald seinem Herrn weniger ein, als ein Acker Feld oder Wiese von gleicher Bodenqualität und Lage, weil das Angebot der Walderzeugnisse verhältnißmäßig noch größer ist, als das Angebot der eigentlichen rein landwirthschaftlichen Producte.

---

*) Eine vollständigere Tabelle findet sich in Cap. X. dieses Schriftchens.

VIII.

Das nothwendige procentale Verhältniß der Waldmenge eines Landes zu dessen Oberfläche.

Ein Land, dessen Oberfläche mit zu großen und zu vielen Forsten bedeckt ist, wird nicht nur feucht und daher ungesund, es wird auch kühlere Sommer und deshalb ein unfruchtbareres Klima haben, als ihm seiner geographischen Lage nach zukommt. Dagegen wird ein von Wäldern entblößtes Land nicht nur den Extremen der Temperatur ausgesetzt, d. h. bald zu warm, bald zu kalt sein, sondern es werden auch Trockenheit und Dürre mit heftigen Regengüssen und Ueberschwemmungen abwechseln, und die von allen Seiten frei hereinbrechenden Winde werden dem Wachsthum der Pflanzen und der Gesundheit der Bewohner nachtheilig sein, kurz es wird ungesund, vor allen Dingen aber, selbst bei dem besten Boden, unfruchtbar sein.

Waldüberfluß erzeugt für eine zahlreiche Bevölkerung Mangel an Feldfrüchten, da das Areal des Ackerbaues fehlt, eine geringe Waldmenge läßt wiederum das zu einer behaglichen Existenz und zu Industriezwecken so nöthige Holz entbehren.

Zwischen diesen beiden äußersten Grenzen wird also ein Mittelweg zu suchen sein. Bis jetzt haben wir dies immer durch den Ausdruck: „angemessene Bewaldung", zu bezeichnen gesucht. Der Leser dürfte aber schon längst die Frage gestellt haben: was denn unter dieser angemessenen Bewaldung eigentlich zu verstehen sei? Der Verfasser gesteht offen ein, daß er hier ein Verhältniß mit mathematischer Schärfe zu geben nicht vermögend sei, sondern daß er nur mit vielem Bedenken versuchen werde, dies annähernd zu bestimmen. Ja er würde dieser überaus schwierigen Frage herzlich gern aus dem Wege gegangen sein, wenn sie sich nicht in solcher Weise aufdrängte, daß ein Zurückweichen unmöglich wäre.

So wenig wir bis jetzt noch die Witterung vorausbestimmen können, weil wir den Zusammenhang aller Erscheinungen noch nicht in Zahlen auszudrücken vermögen, so wenig wird sich auch für ein bestimmtes Land mit aller Schärfe ein richtiges Verhältniß in Beziehung auf seine Bewaldung herstellen lassen. Soll dies für einen größeren Ländercomplex maßgebend sein, so wächst die Schwierigkeit; denn eine fern vom Meere gelegene Provinz wird zum Festhalten der Feuchtigkeit mehr Wäldermasse brauchen, als das Küstenland oder ein anderer Bezirk, der Ueberfluß an Seen und Teichen hat. Gebirge und Thäler werden im Gegensatze zur Ebene gleichfalls ein anderes Verhältniß der Bewaldung bedingen, vorzugsweise werden aber die geographische Breite und die davon abhängige Einwirkung der Sonnenstrahlen auf den Boden, vorherrschende Windrichtungen, geognostische Verhältnisse und neben vielen anderen localen Ursachen die klimatischen Verhältnisse der Nachbarländer, nicht selten die anderer Erdtheile in Rechnung zu ziehen sein.

Für die Befriedigung des Holzbedürfnisses ist endlich zu betrachten, ob mineralische Brennstoffe vorhanden, ob durch Schifffahrt und Handel das Fehlende leicht ersetzt werden, ob eingebildete Bedürfnisse mit Leichtigkeit auf ein Minimum reducirt werden können u. s. w.

So Großes auch die Meteorologie in den letzten Jahrzehnten geleistet, so vermag sie doch zur Zeit noch nicht, auf alle solche Fragen genaue mathematische Antworten zu ertheilen; selbst bei weit größeren Fortschritten ist eine genaue Beantwortung in den nächsten Jahrzehnten nicht zu erwarten. Wenn man auch die Vertheilung aller Wälder eines Landes, z. B. Deutschlands, mit Beziehung auf Hoch- und Niederwald bis in die kleinsten Details kennen würde, wenn man die mittlere Temperatur jedes Monates von unzähligen Beobachtungsorten unseres Vaterlandes, ebenso die daselbst beobachtete Regenmenge nach jedem Regen und im jährlichen Durchschnitte notirt, den Feuchtigkeitszustand der Luft, die herrschenden Windrichtungen, den jährlichen Stand unserer Flüsse und Bäche 50 ganze Jahre hindurch mit möglichster Genauigkeit beobachtet hätte: selbst dann würde es noch nicht möglich sein, für Deutschland allein mit aller Schärfe die zur Wohlfahrt des Landes nöthige Menge Holzland bestimmt und sicher anzugeben. Es müßten nothwendiger Weise auch gleich viele Beobachtungen aus den Nachbarländern, bis zu den Küsten des eisumgürteten Polarmeeres und bis zu den heißen Länderstrichen des Erdgleichers vorliegen; denn die klimatischen Erscheinungen sind zwar bisweilen nur an Oertlichkeiten von geringem Umfange gebunden, meistentheils sind die Ursachen aber so verzweigt, daß wir die ersten Anfänge nicht selten in anderen Erdtheilen suchen müssen. Statistische Nachrichten in solcher Ausdehnung fehlen aber leider, und nur durch die Sammlung möglichst vieler Nachrichten wird es möglich, wie hier, so in allen anderen Fällen über staats- und volkswirthschaftliche Verhältnisse ein richtiges Urtheil abgeben.

Deshalb sind auch alle zur Zeit vorhandenen Schätzungen nur approximativ. Moreau de Jonnes*) hält $\frac{1}{5}$ bis $\frac{1}{8}$ für das richtigste Verhältniß; $\frac{1}{2}$ oder $\frac{1}{3}$ des Staatsgebietes bewaldet, macht seiner Ansicht nach das Land ungesund; zu wenig Wald hat dagegen ein Land physikalisch und ökonomisch bei $\frac{1}{12}$ bis $\frac{1}{22}$ der Fläche. Hartig verlangt pro Kopf einen rheinl. Morgen für die Befriedigung der Holzbedürfnisse (für Deutschland etwa $\frac{1}{8}$ der Oberfläche). — Pölitz**) will $\frac{1}{6}$ der Gesammtfläche als Wald; Späth***) $\frac{1}{5}$ derselben.

Für Mitteldeutschland glaubt Oberforstrath von Berg, dessen Werken wir diese Zusammenstellung entnehmen, $\frac{1}{4}$ der Oberfläche fordern zu müssen.

Da für den mathematischen Weg die Hilfsformeln fehlen, wird die Frage nur empirisch gelöst werden können. Es kam dem Verfasser darauf an, nicht für das große Deutschland mit seinen verschiedenen klimatischen und Bodenverhältnissen, sondern zuvörderst nur für einen kleinen Theil desselben, so weit es möglich war, an der Hand der Erfahrung die klimatischen Zustände von früher und von heute und den Holzbedarf mit der Waldfläche zu vergleichen und daraus wenigstens den negativen Beweis abzuleiten, ob bei einer Bewaldung von 20—25 Procent der Oberfläche

---

*) Untersuchungen über die Veränderungen, die durch die Ausrodung der Wälder in dem physischen Zustande der Länder entstehen.
**) Staatswissenschaft 1823. 2. Bd.
***) Anleitung der Mathematik.

sich bereits empfindliche Nachtheile zeigen. Der Verfasser wählte dazu das Gebiet des Königreichs Sachsen, das, ohne zu groß zu sein, mit seinen 272 ☐ Meilen Oberfläche wenigstens einiger Maßen bestimmend auf die klimatischen Zustände einzuwirken befähigt ist, umso mehr, als Sachsen, im Herzen Deutschlands und weit ab vom Meere gelegen, mit seinem Abfalle des Erzgebirges und dessen Uebergang in die norddeutschen Ebenen die geognostischen Verhältnisse Deutschlands im Kleinen repräsentirt, als endlich das Land mit seinen überaus verschiedenen Bodenverhältnissen, seinen vielen Thälern, durchströmt von zahlreichen Bächen und Flüssen, mit seiner reich entwickelten Industrie und seiner blühenden Landwirthschaft manche Vorbedingung zur Lösung der Frage in sich vereinigt, die anderen Bezirken fehlen.

Das Königreich Sachsen hat auf 271,913 ☐ Meilen à 9947,25 Acker = 2,704786 Acker (1 Acker = 2⅘ Morgen) und darunter

1,375288 Acker Feld und Gärten,
304630 " Wiesen und Weinberge,
827225 " Wald,
20373 " Teiche,
11002 " Elbe, kleine Flüsse, wüste Marken.

Seine Waldungen nehmen mithin 30,6 Procent der Oberfläche ein. Die Vertheilung ist in Bezug auf die Gleichmäßigkeit nicht gerade ungünstig zu nennen, da selbst die ebenen Gegenden des Leipziger Bezirkes bis zu 22 Procent Wald enthalten. Es fanden sich*)

Kreisdirection Dresden 247799 Acker = 30,4% des Areals,
" " Leipzig 135861 " = 22,1 " " "
" " Bautzen 109524 " = 29,3 " " "
" " Zwickau 334050 " = 40,7 " " "

Das Verhältniß zwischen Hoch- und Niederwald gestaltete sich

Kreisdirectionsbezirk	Hochwald.	%.	Niederwald.	%.
Dresden . . .	215407 Acker,	32,6	32392 Acker,	19,4
Leipzig	51661 "	7,8	84200 "	50,4
Zwickau	313366 "	47,4	20684 "	12,5
Bautzen	79906 "	12,2	29607 "	17,7
	660340 Acker	100	166883 Acker	100.

---

*) Dr. Engel, statistisches Jahrbuch 1853.

Fragen wir zuerst nach den klimatischen Verhältnissen, so kann man getrost behaupten, daß, seitdem regelmäßige Beobachtungen der Temperatur, des Regens und der Winde vorgenommen sind, sich keine wesentlichen Unterschiede herausgestellt haben. Leider sind die Beobachtungen erst regelmäßig seit 1827 angefangen, aber nur vereinzelt, ohne gemeinsame Uebereinstimmung an mehreren Punkten fortgesetzt worden. Der Verfasser will den Leser nicht mit Aufzählung der jährlichen Temperaturen von Dresden seit 1812 ermüden, zumal da diese Angaben zu hoch sein müssen, weil bis 1827 früh, Mittags und Abends, von dieser Zeit bis 1838 nur von früh 9 Uhr bis Abends 6 Uhr beobachtet worden ist. Die entstandenen Fehler lassen sich indeß durch Rechnung finden, und ergiebt der Zeitraum von 1812—1827 für Dresden 9,2° Celf., 1828—1838 dagegen 9,4° Celf., eine Temperatur, die noch heute die durchschnittliche Jahrestemperatur für Dresden ist. Der Regenmesser ergab von 1828—1838 19,9373 Pariser Zoll als durchschnittliche gefallene Regenmenge; heute noch wird sie zu 20,0 Zoll im Jahre gefunden. Derselbe jährliche Durchschnitt ergab 44 helle, 259 gemischte und 62 bedeckte Tage, darunter 28 Nebeltage und 198 Tage, an denen Schnee oder Regen fiel, ein Verhältniß, das sich jetzt noch nicht geändert hat.

Vergleicht man auch in der That damit die Durchschnittszahlen einer späteren Periode, der von 1838—1849 nach den Beobachtungen am mathematischen Salon zu Dresden, so stellen sich diese als folgende heraus:

1838—1849.
Thermometerbeobachtungen durchschnittlich 9,82° Celf.*)
Regenmenge durchschn. 21,2873 Pariser Zoll.
Wetter: 47 helle Tage,
235 gemischte Tage,
80 bedeckte Tage,
30 Nebeltage,
188 Schnee- und Regentage.
In neuester Zeit für 1856—1860
Thermometerbeobachtungen 9,87° Celf.
Regenmenge 124,2329 Pfd. auf d. franz. ☐ Fuß = 20,8789 Par. Zoll.

---

*) Die neuesten Beobachtungen sind etwas zu hoch, da täglich nur einmal beobachtet wird.

Wetter: 48 helle Tage,
235 gemischte Tage,
82 bedeckte Tage,
34 Nebeltage,
190 Schnee- und Regentage.

Die Differenzen sind so unbedeutend, daß sie, wenn die Durchschnittszahlen längerer Perioden vorhanden wären, wahrscheinlich verschwinden würden*).

Man ist nicht einmal berechtigt, aus der constant steigenden mittleren Jahrestemperatur einen Schluß zu ziehen, da die Beobachtungen, abgesehen von ihrer Vereinzelung, den dazu nöthigen Zeitraum noch nicht umfassen. In den letzten Jahren hat man zwar über dürre Sommer geklagt, die dann durch heftig auftretende Regengüsse unterbrochen wurden, — und würden dies schon Anzeichen einer unbedachten Entwaldung sein können — die Meteorologie wird aber auf Erscheinungen, wie sie in Sachsen beobachtet worden sind, selbst nicht viel Gewicht legen wollen. Man hat hier und da, besonders da, wo guter Boden ist, in der Ausrodung der Wälder zu viel gethan, doch sind die nachtheiligen Folgen zur Zeit noch als locale zu betrachten, für das ganze Land läßt sich dies selbst bei einer gewissen Voreingenommenheit für den Wald nicht behaupten.

Nur die Höhe des Wasserstandes der Elbe scheint in einer fortdauernden Abnahme begriffen zu sein, und von Jahr zu Jahr mehren sich die Klagen der Schiffer. Damit stimmen auch die Beobachtungen am Dresdner Pegel überein, obgleich uns diese über einen Hauptfactor zur Verschlechterung der Schifffahrt, über die Versandung, gar keine Resultate geben, ja häufig sogar von letzterer unrichtig gemacht werden.

---

*) Um die Notirungen in Sachsen haben sich für Leipzig Prof. Hanckel, für Meißen die Gesellschaft Isis, und für Dresden Gymnasiallehrer Sachse besondere Verdienste erworben. Dem Letzteren verdanken wir folgende Durchschnittswerthe:
Thermometer durchschnittl. von 1857—1861 = 9,4° Celf.

Für 1860 und 1861:
- Regenmenge = 20,57 Par. Zoll,
- helle Tage 86,
- gemischte Tage 205,
- bedeckte Tage 75,
- Nebeltage 72,
- Schnee- und Regentage 184,
- Ozon, 175 Tages- und 193 Nachtbeobachtungen,
- Feuchtigkeit 84°.

Während als 10jähriger Mittelwerth von 1828 bis 1838 1,5 Zoll unter Null gefunden ward, ergaben sich

Elbwasserstände in Dresden:

	Mittlerer Stand.			Höchster Stand.			Tiefster Stand.		
1838	+ 0 Ell.	5,89	Zoll.	+ 7 Ell.	8,0	Zoll.	− 1 Ell.	8,0	Zoll.
1839	+ 0 „	7,42	„	+ 5 „	0,0	„	− 1 „	9,0	„
1840	− 0 „	6,52	„	+ 5 „	18,0	„	− 1 „	20,0	„
1841	− 0 „	1,35	„	+ 6 „	5,0	„	− 1 „	13,0	„
1842	− 0 „	23,96	„	+ 4 „	13,0	„	− 2 „	5,0	„
1843	+ 0 „	1,04	„	+ 4 „	19,0	„	− 1 „	21,0	„
1844	+ 0 „	15,75	„	+ 5 „	19,0	„	− 1 „	15,0	„
1845	+ 0 „	11,45	„	+ 10 „	2,0	„	− 1 „	3,0	„
1846	+ 0 „	8,60	„	+ 7 „	7,0	„	− 1 „	15,0	„
1847	+ 0 „	11,74	„	+ 6 „	9,0	„	− 1 „	9,0	„
1848	− 0 „	19,13	„	+ 6 „	3,0	„	− 2 „	4,0	„
1849	− 0 „	15,17	„	+ 3 „	14,0	„	− 2 „	7,0	„
. . .									
1856	− 0 „	11,38	„	+ 6 „	9,0	„	− 2 „	9,0	„
1857	− 1 „	2	„	+ 1 „	15	„	− 2 „	5	„
1858	− 0 „	23	„	+ 5 „	17	„	− 2 „	1	„
1859	− 0 „	21	„	+ 2 „	17	„	− 2 „	7	„
1860	+ 0 „	17	„	+ 7 „	14	„	− 2 „	1	„
1861*)	− 0 „	15	„	+ 5 „	8	„	− 1 „	22	„

Die Gründe dieser Erscheinungen haben wir indessen weit mehr in Böhmen als in Sachsen zu suchen, und in der That sind dort in den letzten Jahren bedeutende Rodungen erfolgt. Sachsens Hauptwassermasse wird der Elbe erst durch die Mulde und die Saale vor Magdeburg zugeführt, doch lassen sich auch hier keine genaueren Schlüsse ziehen, weil am Magdeburger Pegel die fließenden Gewässer Thüringens und der Provinz Sachsen mit zur Geltung kommen. Beobachtungen der Wasserstände der Bäche oder wenigstens der größeren Flüsse werden später genauere Urtheile fällen lassen. Die gleiche Anzahl der Regenmenge und der Regentage während der beiden Perioden lassen wenigstens mit Wahrscheinlichkeit annehmen, daß sich der Stand der Bäche und Flüsse in den letzten 20 Jahren nicht so bedeutend geändert hat, als gewöhnlich behauptet wird.

---

*) Die Wasserstände von 1856—61 verdankt der Verfasser der Güte des Handlungshauses Ritzschner u. Spalteholz in Dresden, welche diese Notirungen seit Jahren eingeleitet und fortgesetzt haben.

Daß die seit ziemlich 30 Jahren in Dresden fortgesetzten Beobachtungen trotz der fortdauernden Entwaldungen keinen nennenswerthen klimatischen Unterschied ergeben haben, davon dürfte der Grund ein doppelter sein. Erstens sind während dieser Zeit nicht nur die Staatswaldungen immer besser geschont und gepflegt worden, sondern auch die Privatwaldungen, so viel auch hier noch zu thun übrig bleibt. Zweitens sind aber auch die Gartencultur, die Obstbaumzucht, das Anpflanzen von Bäumen an Chausseen und öffentlichen oder freien Plätzen gewiß nicht ohne Einfluß auf das Klima geblieben, so daß dadurch die durch jene Entwaldungen herbeigeführten Nachtheile wieder ausgeglichen worden sind.

Wie in ganz Deutschland erfreuen sich auch in Sachsen die Privatwaldungen, die bis zwei Drittel der ganzen Bewaldung ausmachen, keineswegs der erwünschten Pflege und erwähnen wir nur, ohne dafür einstehen zu wollen, daß den Angaben der Forstbeamten zu Folge im Kreisdirectionsbezirke Zwickau allein $\frac{1}{3}$ sämmtlicher Privatwaldungen, d. h. — 67000 Acker — als Blößen zu betrachten sein sollen*). Wenn eine solche Saumseligkeit der Besitzer beseitigt wird, so könnte eine nicht geringe Menge von Waldland dem Ackerbau übergeben werden, ohne daß klimatische Nachtheile sich bemerkbar machen würden. Ehe wir dies Urtheil bestimmt aussprechen, muß zuvor noch geprüft werden, ob Sachsen dann nicht einen empfindlichen Holzmangel erleiden würde?

Wenn der Verfasser in Folgendem versuchen wird, eine Zusammenstellung der jährlich in Sachsen erzeugten und eingeführten Holzmenge und der auf Brennholz zurückgeführten fossilen Brennmaterialien zu veranstalten, so wird er die Holzproduction zwar möglichst niedrig annehmen, jedoch seine Berechnung so anstellen, als ob z. B. Blößen gar nicht vorhanden wären. Ebenso wird er ein möglichst sorgfältiges Ansammeln aller Holzproducte, wie des Leseholzes, der Baumabfälle von Obstbäumen u. s. w., voraussetzen und dies, wenn auch zu den möglichst niedrigen Sätzen, in Rechnung bringen. Darauf könnte zwar erwiedert werden, daß dadurch eine Holzmenge berechnet würde, die die wirkliche übertreffen würde. Dem ist zu entgegnen, daß der Verfasser, weit entfernt, unbillige Anforderungen zu stellen, nur einen solchen Holzertrag in Anschlag

---

*) Engel, Statistisches Jahrbuch 1853.

bringen wird, der bei einer nur geringen Mühwaltung, bei etwas mehr Sorgfalt, recht gut in Sachsen schon im nächsten Jahre erreicht werden kann. In gleicher Weise wird er die Erträge früherer Jahre, wenn solche vorhanden sind, mit angeben, damit daraus ersehen werde, ob für die Zukunft eine Steigerung oder Abnahme der Production zu erwarten sei. Der Kürze wegen wird der Verfasser die Zahlen in möglichst runder Summe angeben, da es hier nicht ängstlich auf 1000 Klaftern mehr oder weniger ankommen kann.

Was zuerst den Ertrag der Staatswaldungen betrifft, so betrug die ganze Holzproduction derselben auf 264865 Ackern bei einem durchschnittlichen Ertrage von $1\frac{1}{8}$ Klafter pro Acker 1842 297973 Klaftern. Seitdem ist dieser Ertrag so gestiegen, daß 1850 der Acker durchschnittlich $1\frac{1}{3}$ Klafter erzeugte, so daß, wenn wir diese Angabe heute noch für giltig halten, was eher zu gering als zu hoch angenommen ist, dies einen jährlichen Ertrag von — 353000 Klaftern ergeben würde.

Schwieriger ist die Angabe bei den 562360 Ackern Privatwaldungen. Von Flotow giebt 1846 pro Acker einen Ertrag von 1 Klafter an, eine Annahme, die jetzt gewiß zu hoch ist, bei einer besseren Waldpflege ohne Mühe erreicht werden könnte. In anderen Ländern, wie im Harze, erzielt man bei keineswegs besserem Boden, allerdings aber bei ganz sorgfältiger Waldcultur, auf vielen Grundstücken mehr als das Doppelte. Nehmen wir an, daß seit 1853, weil nähere Angaben nicht vorliegen, 22000 Acker in Sachsen niedergeschlagen und zu anderen Culturen verwendet worden wären, so würden die übrig bleibenden 540000 Acker bei nur einiger Maßen besserer Waldcultur, nur allein durch Bepflanzung aller Blößen ohne Schwierigkeit jährlich — 540000 Klaftern erzeugen können.

Bei einer sorgfältigen Holzcultur kommen auch die Abfälle, dürren Zweige, die man unter dem Namen Leseholz versteht, mit in Betracht.

Wie wir bereits erwähnt, nimmt Pfeil an, daß ein preußischer Morgen 6 Cubikfuß Leseholz jährlich gebe. Der sächsische Acker hat ungefähr $2\frac{1}{6}$ preußische Morgen, und wollen wir, um recht sicher zu gehen, nur den Ertrag eines Ackers zu 6 Cubikfuß annehmen. Dadurch erhalten wir 4,800000 Cubikfuß Holz. Gewöhnlich nimmt man die Klafter Holz zu 78—80 Cubikfuß an, da aber das Leseholz weniger Brennwerth besitzt, so wollen wir hier 120 Cubikfuß einer Klafter gleich setzen. Dies ergiebt eine Summe von 40000 Klaftern, also ein Gegenstand, der wohl der Rede werth ist. In großen geschlossenen Waldungen wird aber der weiten Entfernung wegen schwerlich sämmtliches Leseholz gesammelt werden können. Bringen wir dies mit dem vierten Theile der Gesammtmenge in Anschlag, so bleiben uns noch — 30000 Klaftern.

Es bleibt uns noch übrig, den Holzertrag der Obstgärten und Weinberge, sowie das jährlich von den an Straßen und Wegen, Bachufern und Feldrändern, auf freien Plätzen stehenden Bäumen und Sträuchern gewonnene Holzquantum der Untersuchung zu unterwerfen. Bleiben wir nur bei den Ersteren, den Bäumen, stehen, so sind vorzüglich die Obstgärten des Landes, die Bäume der Straßen — Sachsen hatte 1853 allein an Chausseen und chausseeartigen Wegen 459 Meilen, à 26200 Fuß (Dr. Engel) — die Kastanien, Linden, Pappeln und Zierbäume in den Alleen und Promenaden und Gärten der Städte und freien Dorfplätze in Rechnung zu ziehen. Frühere, hier und da zerstreute Notizen geben an, daß circa 300 Stück Bäume theils durch Auspuhen, theils durch die Verwendung abgängiger Stämme eine Klafter Holz geben sollten. Dem Verfasser schien die Anzahl der Bäume zu gering zu sein und nach sorgfältig angestellten Untersuchungen und Berechnungen, nach vielfach eingezogenen Erkundigungen hofft er, getreu seinem Prinzip, nur Minimalsätze der Holzproduction anzugeben, folgendes Verhältniß werde der Wirklichkeit eher entsprechen.

Unter 400 Stück Bäumen befinden sich gewiß 40 größere (Pappeln, Linden, Kastanien, Eichen u. s. w.) und 360 kleinere, vorzüglich Obst- und kleine Zierbäume und Sträucher der Gärten.

Durch Auspuhen und die Verwendung abgängiger Stämme dürfte sich das Verhältniß als folgendes herausstellen:

Von 40 Stück großen Bäumen (Pappeln, Kastanien, Linden)
1 abgängiger Baum durchschnittlich . . . . 15 Cubikfuß.
Auspuhen der 39 übrigen Bäume durchschnittlich 150
    Wellen 4 Fuß lang, 4 Zoll dick . . .   12 „
kleinere Zweige durchschnittlich . . . .   8 „
    Von 360 Obst-, Zierbäumen und Sträuchern
20 Stück abgängige Bäume durchschnittlich . . 30 „

Rentzsch, der Wald.   8

Auspußen der 340 Stück durchschnittlich 200 Wellen
4 Fuß lang, 2 Zoll dick . . . . 10 Cubikfuß.
kleinere Zweige der 340 Stück durchschnittlich . . . 8 „
_____
83 Cubikf. = 1 Klftr.

Daß viele dieser Bäume nicht ausgepußt werden, und mancher dürre Stamm stehen bleibt, bis ihn der Wind umbricht, durfte den Verfasser hier nicht beirren. Eine solche geringe Sorgfalt von Seiten des Eigenthümers kann und muß in Anspruch genommen werden. Es kam nun darauf an, die ungefähre Anzahl dieser Bäume zu erfahren, und der Verfasser ging dabei von folgenden Betrachtungen aus. Die meisten Bäume befinden sich im Besitze der Landwirthschaft; eingezogene Erkundigungen aus den verschiedenen Theilen des Landes würden durchschnittlich berechnen lassen, wie viel Stück solcher Bäume auf den Acker pflugbares Land in Gärten, in der Nähe der Gehöfte, auf freien Plätzen, Wegen, Chausseen und Feldrainen kommen dürften.

Es ergab sich auf mehreren Gütern
  bei Meißen   pro Acker 20—24 Bäume,
   „ Freiberg   „   „   10—12   „
   „ Löbau   „   „   12—14   „
   „ Leipzig   „   „   20—22   „
   „ Schneeberg „   „   8—10   „
   „ Altenberg „   „   4— 6   „
              _____
              durchschnittlich 12—14 Bäume.

Das Verhältniß von 1 großen Baume zu 10 kleinen Bäumen fand sich zwar an keinem der angegebenen Orte, doch wurden bei Meißen, Löbau und Leipzig weniger, an den übrigen Orten mehr große Bäume gefunden. Durch die Alleen und Promenaden unsrer Städte, vorzüglich aber durch unsere Chausseen dürfte das angegebene Verhältniß eher zu niedrig, als zu hoch erscheinen.

Diesen eingezogenen Erkundigungen zu Folge wagt es der Verfasser nach Abzug alles Waldlandes, aller Wiesen und Weinberge, Teiche, Flüsse, Steinbrüche u. s. w. die übrigen 1,538435 Acker Feld und Gärten, Chausseen, öffentliche und freie Plätze innerhalb der Städte und Dörfer u. s. w. mit nur 10 Bäumen pro Acker zu berechnen.

Diese geben in runder Summe 15,384000 Bäume, und diese durch 400 dividirt die Summe von 38460 Klaftern, die sich mit Hinzurech-

nung der aus den 3080 Ackern Weinbergen gewonnenen Brennholz=
menge in runder Summe als — 39000 Klaftern aufführen lassen.

Was die an den Bach= und Teichrändern, an dem Saume der
Wiesen, an Abhängen stehenden Sträucher, Weiden und Erlen betrifft,
so nimmt Jäger*) auf höchst wahrscheinliche Weise an, daß sich der Holz=
ertrag dieses Landes für die genannten Holzgewächse jährlich auf 50000
hessische Stecken, d. h. circa 20000 Klaftern belaufe. Nun sind aber diese
Verhältnisse für Sachsen, wenn nicht günstiger, so doch wenigstens den
hessischen ganz gleich, so daß hier nur die Größe des Landes in Anschlag
gebracht werden muß. Es entsteht daher folgende einfache Rechnung:
Wenn Hessen bei 153 Quadratmeilen 20000 Klaftern erzeugt, so werden
in Sachsen bei 272 Quadratmeilen in runder Summe — 35000 Klaf=
tern gewonnen.

Für den im Lande vorhandenen Holzvorrath ist die Ein= und Aus=
fuhr von nicht geringer Bedeutung. Der Satz ist bekanntlich falsch, daß
das Land das reichste sei, welches Alles, was es braucht, sobald es das
Klima erlaubt, selbst hinreichend producire. Für Sachsen würde z. B.
dieser Grundsatz, auf die Holzerzeugung angewendet, zu dem verkehrten
Resultate führen, daß, um für Holz kein Geld ins Ausland zu schicken,
ein großer Theil des Weizenbodens zu Wald gemacht werden müßte.
Jedenfalls müßte dann Sachsen mehr Getreide kaufen und würde finan=
ziell um so schlechter wegkommen. In Bezug auf Einfuhr treffen auch
bei Sachsen mehrere günstige Verhältnisse zusammen. Die Elbe ver=
mittelt für Sachsen die Einfuhr auf die leichteste Weise, und so kommt
es, daß der Bewohner des Elbthales das Holz weit aus Böhmen herein
billiger bezieht, als wenn er es von einem nur wenige Stunden entfernten
Orte durch Eisenbahn oder Pferdekraft transportiren ließe. Die Einfuhr
aus Böhmen betrug**)

45000 Klaftern Nutzholz,
106000 „ Brennholz und Brennholzwerth (Braunkohlen).
        Die Einfuhr aus dem Zollvereine betrug:
9000 Klaftern Nutzholz,
112000 „ Brennholz und Brennholzwerth (vorzügl. Torf).
272000 Klaftern,

---
*) Zeitschrift für die landwirthschaftl. Vereine des Großherzogthums Hessen 1840.
**) Dr. Engel Jahrbuch 1853.

eine Summe, die eher größer*) als kleiner geworden ist, und die wir auch unsrer Berechnung zu Grunde legen wollen.

Es wird für die spätere Untersuchung von Vortheil sein, wenn wir auch den Brennwerth der in Sachsen gegrabenen und bergmännisch gewonnenen Braun- und Steinkohlen und des Torfs in Klaftern auszudrücken versuchen, indem wir, wie es gewöhnlich geschieht, eine Klafter Fichtenholz gleich 5 Scheffeln Steinkohlen oder 7 Scheffeln Braunkohlen berechnen. Nach amtlichen Berichten wurden 1852 in Sachsen 8,520634 Scheffel Steinkohlen = 1,704000 Klaftern Holz gewonnen. An Braunkohlen wurden 1,647340 Scheffel und 28,948000 Ziegel verkauft. 1854 dagegen war die Production nach den statistischen Nachrichten**) auf 10,550189 Scheffel Steinkohlen = 2,110000 Klaftern, und 2,724092 Scheffel Braunkohlen = 389000 Klaftern, im Jahre 1860 auf 15 Millionen Scheffel Steinkohlen = 3,000000 Klaftern gestiegen. Nach anderen amtlichen Schätzungen producirte Sachsen 1846 9 Millionen Centner, 1861 30 Millionen Centner Steinkohlen. — Was die Torfgewinnung betrifft, so führte Herr v. Flotow für das Jahr 1832 180 Millionen Torfziegel an und setzte diese gleich 58000 Klaftern, wobei 3100 Ziegel einer Klafter gleich sind. Nach dem statistischen Jahrbuche von 1853 wurden in Sachsen nur 108 Millionen Torfziegel gegraben, und diese entsprechen demnach in runder Summe 35000 Klaftern.

Ueberblicken wir nun das Ganze, so stellt sich die Menge des in Sachsen während eines Jahres zu Gebote stehenden Holzes und Holzwerthes als folgende heraus, wobei nicht zu übersehen ist, daß überall — höchstens nur mit Ausnahme der Bach- und Wiesenränder —

---

*) Die Einfuhr auf der Elbe aus Böhmen nach Sachsen betrug:

	Nutzholz.			Brennholz.	
1859.	1,277479 Ctr.	= 54000 Klftr.	219385 Ctr.	= 9900 Klftr.
1860.	1,782871 „	= 75000 „	242272 „	= 11000 „
1861.	2,043491 „	= 93000 „	211311 „	= 9600 „

Braun- und Steinkohlen.
1860. 1,244891 Ctr.
1861. 1,374556 „

Die Einfuhr stromauf nach Sachsen ist ganz unbedeutend, sie betrug für 1861 5562 Ctr. Holz und 58267 Ctr. Steinkohlen.

**) Leipz. Zeitung 1855.

ganz sicher Minimalwerthe der möglichen Holzmenge in Rechnung genommen worden sind.

Ertrag der Staatswaldungen . . . 353000 Klaftern.
„   „ Privatwaldungen . . . 540000 „
„   des Leseholzes . . . . . 30000 „
„   der Obstbäume . . . . 39000 „
„   an Bach- und Wiesenrändern . 35000 „
Einfuhr . . . . 272000 „
Brennholzwerth der Steinkohlen . . 3,000000 „
„   „   „ Braunkohlen . . 389000 „
„   „   des Torfes . . . . 35000 „
4,693000 Klaftern.

Es fragt sich nun, sind diese 4,693000 Klaftern Holz für Sachsen ausreichend, oder ist, sobald eingebildete Bedürfnisse nicht in Rechnung gebracht und die nöthige Sparsamkeit beobachtet wird, noch ein Ueberschuß vorhanden?

Hier stoßen wir auf noch größere Schwierigkeiten, da, einige wenige Notizen abgerechnet, so gut wie gar keine statistischen Nachrichten vorhanden sind, und frühere Berechnungen für unsere jetzigen Verhältnisse durchaus nicht mehr passen. Wie früher ein Minimum des Ertrages, so soll in Folgendem ein Maximum des Bedarfes angenommen werden, um daraus erkennen zu lernen, ob Sachsen Ursache habe, Holzmangel befürchten zu müssen.

Darüber, wie groß das jährliche Holzbedürfniß einer Familie von 5 Köpfen sei, herrschen die verschiedensten Angaben. So nimmt Hundeshagen an, daß eine solche Familie im Durchschnitte jährlich

2800 Pfund an Gewerbehölzern,
4200 „   „ Hausfeuerung
7000 Pfund gemischte Holzmasse

brauche. Rechnet man den Cubikfuß lufttrocknes Holz zu 28 Pfund, so würden diese 7000 Pfund ungefähr $3\frac{1}{8}$ Klafter entsprechen. Sachsen hatte im Jahre 1861 2,225240 Einwohner in circa 460000 Haushaltungen (1855 429955 Haushaltungen), und würden demnach in runder Summe 1,500000 Klaftern erforderlich sein. Jedermann wird aber zugeben, daß die Ansprüche in Sachsen nicht so bescheiden sind.

Was würden die betreffenden Hausfrauen, die für eine Familie von 5 Personen sorgen sollten, sagen, wenn wir ihnen für das ganze Jahr zum Kochen, Heizen, Waschen u. s. w. als einziges Brennmaterial nur 4200 Pfund Holz, d. h. 1⅞ Klafter geben wollten? Und wo bleiben die Eisenbahnen, Dampfmaschinen, die Hohöfen und Hüttenwerke, Brennereien und Brauereien, Gasanstalten, die Bäcker, die Kohlenbrenner, Feuerarbeiter u. s. w. Wenn auch 2800 Pfund Gewerbehölzer = 1¼ Klafter für fünf Köpfe auf den ersten Blick etwas viel zu sein scheinen, so werden sie doch erfordert werden, wenn davon das Bauholz mit bestritten werden sollte.

Es kommen zwar nach Dr. Engel*) in einer einzigen Bausaison in Dresden, dessen Bevölkerung (resp. Wohnungsräume) allerdings in den letzten 20 Jahren um 56 Procent gestiegen sind, auf den Kopf 20 Cubikfuß Bauholz; auf die Familie von 5 Köpfen daher allein 1¼ Klafter, allein derartige Verhältnisse können nicht für das ganze Land maßgebend sein. — Die Leipzig-Dresdner Eisenbahn verbraucht jährlich (1843—57) an Schwellen 13000 Cubikfuß Holz per Meile = 162½ Klafter, auf den 97 Meilen Eisenbahnen des Königreichs im Jahre 1861 15764 Klaftern.

Für den Gesammt-Nutzholzbedarf scheint Hundeshagen's Annahme: 2800 Pfund = 100 Cubikfuß pro Familie, demnach 20 Cubikfuß pro Kopf vollkommen ausreichend zu sein. Für Sachsen würde dies 44½ Millionen Cubikfuß = 556000 Klaftern betragen.**)

Der ganze Holzertrag der Privat- und Staatswaldungen betrug ohne Leseholz, das hier beim Nutzholzverbrauche nicht mit in Betrachtung gezogen werden kann, 893000 Klaftern. Rechnen wir davon in Rücksicht auf einen späteren intensiveren Nutzholzbetrieb nur ¼ als die blos als Brennholz zu verwendende Menge ab, so bleiben als Nutzholz circa . . 675000 Klaftern.
Von den Obstbäumen, den Bach- und Wiesenrändern wollen wir nur ⅓ als zu Nutzholz überhaupt verwendbar berechnen ^{74000}/₃ Klaftern . . . . . 25000 "
eingeführtes Nutzholz . . . . 54000 "
754000 Klaftern.

---

*) Statistische Nachrichten 1853.
**) Dr. Engel berechnet in seinem statistischen Jahrbuche den Nutzholzbedarf für Sachsen pro Kopf zu 8,74 Cubikfuß, eine Zahl, die gegen andere Länder schon ziemlich hoch ist. Rechnen wir in runder Summe 9 Cubikfuß, so beträgt der Nutzholzbedarf 20,025060 Cubikfuß = 250000 Klaftern.

Ist es nicht wahrscheinlich — und das ist es, was der Verfasser hier eigentlich beabsichtigt — daß dieser ganzen Holzmenge gegenüber 556000 Klaftern als eine für Nutz- und Bauholz verwendete Summe für Sachsen hoch genug erscheint? Um so mehr jedenfalls, als die ersten Autoritäten im Forstfache annehmen, daß von der gesammten Holzproduction nur 15—20 Procent als Nutzholz verwendet werden.

Den Brennholzbedarf, den Hundeshagen mit 4200 Pfund ansetzt, halten wir dagegen für viel zu niedrig. v. Flotow, Beiträge zur Statistik des Königreichs Sachsen, giebt für den Kopf der Einwohner an:

im Königreiche Sachsen	— 0,508	sächs. $^6/_4$ Klafter,
Großherzth. Weimar	— 0,84	„ „ „
Königreiche Bayern	— 0,97	„ „ „
Großherz. Baden	— 0,81	„ „ „
Braunschweig	— 1,15	„ „ „
Böhmen	— 1,21	„ „ „

Nach officiellen statistischen Angaben von der österreichischen Gesammtmonarchie 67,35 c' preuß. für den Kopf*),

Für einzelne Städte auf den Kopf: London (nach Dau) 23 Ctnr. Steinkohlen = 125 c' gemischter Holzmasse, einschließlich aller Nebennutzungen. Berlin (nach Dau) 60—66 c' Buchenholz. Kopenhagen (nach Dau) 72—74 c' Buchenholz. Wien 60—66 c' größtentheils Nadelholz. Frankfurt a/M. 52 c' gemischten Holzes. Darmstadt etwa 60 c' desgl. Cassel 77 c' gemischte Holzmasse.

Hartig nimmt für eine Familie jährlich 2½ Klafter an.

Es wird nach diesen Daten**) nicht überraschen, wenn der Verfasser für eine Familie von 5 Köpfen 4 Klaftern Brennholz für ausreichend hält, so daß, pro Kopf ⅘ Klafter, der ganze Brennholzbedarf der 2,225000 Einwohner betragen würde . . 1,780000 Klaftern.

Es blieben uns nach Abrechnung der beiden Posten von den berechneten 4,693000 Klaftern noch 2,357000 Klaftern übrig, als Brennmaterial für Eisenbahnen und Dampfmaschinen, für das Berg- und Hüttenwesen, für die Industrie überhaupt. So ausgedehnt diese auch

---

*) Forst- und Jagdzeitung 1847. S. 56 f.
**) Nach einer Zusammenstellung aus „v. Berg, Forstwirthschaftslehre".

zum Stolze Sachsens ist, mit 1 Million Klaftern, die sie freilich nicht als Holz, sondern als so und so viel Millionen Scheffel Stein- und Braunkohlen erhält, wird ihr jedenfalls mehr zugewiesen, als sie bei den immer mehr verbesserten Brennapparaten verbrauchen kann. Dazu kommt noch, daß den Haushaltungen und der Industrie die Abfälle bei der Bearbeitung des Nutz- und Bauholzes, sowie endlich früher oder später dieses selbst als Brennholz (gleichsam als Reserve, als Deckung für vorgekommene Rechnungsfehler) zu Gebote gestellt werden soll, eine Summe, die, wenn angenommen wird, daß nur die Hälfte alles Nutz- und Bauholzes früher oder später als Brennholz verwendet wird, sich nach unsern Annahmen doch auf jährlich 278000 Klaftern belaufen würde.

Für unvorhergesehene Fälle, hauptsächlich aber so lange, bis die Privatwälder wirklich durchschnittlich 1 Klafter pro Acker produciren, und bis eingebildete Holzbedürfnisse auf ein Minimum reducirt sind, mögen 157,000 Klaftern gerechnet werden, die dann, wenn diese Bedingung wegfällt, auf Rechnung der steigenden Bevölkerung und des hoffentlich größeren Wohlstandes, der stets einen stärkeren Holzaufwand mit sich führt, kommen sollen.

Wenn wir die Ausfuhr erst jetzt erwähnen, so geschieht es mit Rücksicht darauf, daß jedes Land in der Regel erst dann an eine Ausfuhr von Producten aller Art denkt, wenn die einheimischen Bedürfnisse befriedigt sind, wobei freilich der Preis als Scala des Nutzeffectes, resp. der Unentbehrlichkeit zu betrachten ist. So lange Sachsen wirklichen Mangel an Holz und Brennholzsurrogaten haben sollte, würde bei der Wohlhabenheit des Landes, die sich auf den Gewerbfleiß der Bewohner und die Bodenproduction des Landes stützt, die Ausfuhr sich höchstens auf einen geringfügigen Grenzverkehr erstrecken. Bei seinem Ueberflusse an mineralischen Brennstoffen versorgt Sachsen die Nachbarländer mit Steinkohlen, doch ist die Ausfuhr nicht in dem Verhältnisse fortgestiegen, wie es in den Jahren 1855 bis etwa 1859 der Fall war, da England, Schlesien, die Rheinprovinz, Provinz Preußisch-Sachsen, Böhmen außerhalb des Königreiches Sachsen als Concurrenten auftreten. So wurden im Jahre

```
1859  492927 Ctnr. Steinkohlen*) = 63000 Klaftern,
1860  457492    „         „      = 58000    „
1861  285376    „         „      = 38000    „
```
auf der Elbe abwärts von Dresden aus verschifft. Die Eisenbahnen transportiren von Zwickau aus weit größere Quantitäten und wurden durchschnittlich mit Hinzurechnung des Elbverkehrs circa 2 Millionen Scheffel nach auswärts versandt. Seitdem indeß die Sächsischen Bahnen für den Kohlentransport Anfang des Jahres 1862 fast bis zu dem Einpfennigtarif herabgegangen sind, ist jedenfalls ein weit größerer Verkehr zu erwarten, und möchte es am allerwenigsten rathsam sein, die früheren Zahlen der Berechnung zu Grunde zu legen. An Bau-, Nutz- und Brennholz, Holzborke wurden auf der Elbe von Sachsen 1,068000 Ctnr. und zwar 6,128 Ctnr. stromauf- und 1,061872 Ctnr. stromabwärts ausgeführt, die etwa 52000 Klaftern entsprechen dürften. Wollte man indeß selbst 1 Million Klaftern (d. h. circa 4½ Millionen Scheffel Steinkohlen und 100000 Klaftern Holz) für die Zukunft annehmen, so würden sich als Ueberschuß von den zu berechnenden . . . 4,693000 Klaftern ergeben

```
  556000 Klftr. Nutz- und Bauholz,
1,780000   „    Haushaltung,
1,000000   „    Industrie,
  157000   „    Reserve,
1,000000   „    Export,
─────────
4,493000        . . . . . . . . .  4,493000  „
                                ─────────────────
                      Ueberschuß   200000 Klaftern.
```

Daß sich in Sachsen bis jetzt, wenn auch nicht Holzmangel, doch am allerwenigsten Holzüberfluß, nach der Meinung fast aller Bewohner gezeigt habe, hat theilweise also seinen Grund darin, daß die Privatwaldungen nicht so viel producirten, als billiger Weise von ihnen erwartet werden konnte, und daß in der Ansammlung mancher Holzproducte noch sehr viel versäumt worden ist; ganz vorzüglich aber ist die Ursache jener Erscheinung in der in Sachsen noch immer in ziemlich ausgedehnter Weise statt findenden Holzverschwendung zu suchen, die der

---

*) 1 Centner Steinkohlen = 2,7 Centner Kiefernholz.

Verfasser am Schlusse einer näheren Besprechung unterwerfen wird. Wenn beide Ursachen wegfallen, brauchen also entweder 200000 Klaftern an Brennwerth weniger eingeführt zu werden, oder da dies vortheilhafter sein wird, könnten in Sachsen, wenn man die Waldfläche nach dem Holzbedarfe bemessen wollte, circa 200000 Acker Wald dem Feldbaue übergeben werden, ohne daß bei der nöthigen Ersparniß ein wirklicher Holzmangel eintreten dürfte, wobei noch ausdrücklich hervorzuheben ist, daß ganz unnöthiger Weise 1 Million Klaftern für den Export mit berechnet worden sind.

Sachsen würde aber dann noch circa 22—23 Procent seiner Oberfläche mit Wald bestanden haben, und das würde in klimatischer Hinsicht voraussichtlich nicht zu wenig sein, sobald sich alle Wälder des besten Standes erfreuten und sobald die Entwaldung auf eine den Verhältnissen angemessene Weise geschehen würde. Es wäre thöricht, diese ganze Holzmenge aus einem oder zwei Kreisdirections-Bezirken zu entnehmen, einmal schon deswegen, weil diese sonst zu sehr den nachtheiligen Einflüssen in Bezug auf Klima und Holzmangel ausgesetzt wären, andererseits, weil dort möglicherweise nicht so viel Bodenland vorhanden wäre, das mit Vortheil urbar gemacht werden könnte. Namentlich werden die Wälder auf den Höhen zu schonen sein, weil diese in klimatischer Hinsicht eine wichtigere Rolle spielen, als die der Ebenen und Niederungen.

Doch ganz abgesehen von der ausgeführten Berechnung, läßt sich auf ganz einfache Weise nachweisen, daß noch eine bedeutende Menge Wald gerodet werden kann, sobald die Privatwaldungen einen besseren Stand erlangt haben.

Die Privatforsten befinden sich nach den Berichten der Forstbeamten keineswegs in vortheilhaftem Zustande und wird die Annahme bescheiden genannt werden, wenn man sagt, daß im Durchschnitte jeder Acker Privatwald $\frac{1}{10}$ Klafter Holz mehr als bisher geben könne. Dadurch werden 54000 Klaftern Holz gewonnen, und es ist dann möglich, 54000 Acker dem Feldbaue zu übergeben, ohne daß nur eine Klafter Holz weniger im Lande erzeugt würde. Dies betrifft aber erst die Cultur der wirklich mit Holz bestandenen Waldflächen. Würden nun die bereits erwähnten 67000 Acker Blößen bepflanzt, — nehmen wir mit Rücksicht auf die übrigen Blößen des Landes dies als vollkommen möglich an —

so würden weitere 67000 Acker gerodet werden können, ohne daß die Holzmenge nur im Geringsten beeinträchtigt würde. — Die besser bestandenen Wälder würden dann aber auch die ihnen von der Natur übertragenen Verrichtungen besser erfüllen können und den Verlust der gerodeten Forsten dadurch ersetzen.

Wenn dieser überaus mangelhafte Versuch, selbst für ein kleines Land, wie das Königreich Sachsen, das nothwendige Areal der Bewaldung aufzufinden, mit dem negativen Resultate endigt, daß bei circa 23 Procent Waldfläche — vorausgesetzt bei trefflichem Stande und bei ziemlich gleichmäßiger Vertheilung der vorhandenen Forsten — keinerlei ernstliche Besorgnisse für Klima und Holzmangel zu erheben seien, so könnte es aus den schon erörterten Gründen erlaubt sein, dasselbe Procentverhältniß auf ganz Deutschland zu übertragen. Wie Dove nachgewiesen, kommt unserm deutschen Klima hinsichtlich der Feuchtigkeit zu Statten, daß der Polar- und der Aequatorialstrom meist in unsern Breiten sich treffen, und bei ihrem Bestreben, ihre Temperatur auszugleichen, unserm deutschen Himmel zwar nicht die Klarheit und Reinheit des italienischen Horizonts, nicht die milde Luft Südfrankreichs verschaffen, dafür aber uns durch des Himmels Naß in Feld und Wald und Allem, was damit zusammenhängt, reich entschädigen. Wenn wir endlich für Sachsen, d. h. für dasjenige Land, welches in Deutschland vom Meere mit am weitesten entfernt ist, 23 Procent der Bewaldung annehmen, so ist es sicher gestattet, daß mit der größeren Nähe der Seeküste das Procentverhältniß vermindert werden kann, und glauben wir, daß für solche Länder wie Holstein, Hannover, Oldenburg 20 Procent gerechten Ansprüchen angemessen sind.

Vergleichen wir, ehe wir zur Statistik der einzelnen deutschen Staaten übergehen, die procentale Bewaldung unsrer Nachbarn, so finden wir nach v. Reden

	Procent.	pro Kopf Morgen.
Deutschland	26,58	1,71
Großbritannien	5,0	0,26
Frankreich	16,79	0,97
Rußland	30,90	11,02
Schweden	60	22,04
Norwegen	66	63,40

	Procent.	pro Kopf Morgen.
Dänemark	5,50	0,57
Schweiz	15	1,02
Holland	7,10	0,31
Belgien	18,52	0,48
Spanien	5,52	0,75
Portugal	4,40	0,47
Sardinien	12,29	0,73
Neapel	9,43	0,37

und daraus wird sich zur Genüge erklären, warum wir zwar locale nachtheilige Erscheinungen, keineswegs aber jene großen Calamitäten in klimatischer Hinsicht und in Betreff des Holzmangels zu erdulden haben wie unsere südlichen Nachbarn.

IX.
Statistik der Waldungen Deutschlands.

Wir haben das letzte Capitel damit geschlossen, daß wir von den bedeutendsten Ländern Europa's eine Uebersicht über die Bewaldung gaben, und daraus allerdings die erfreuliche Thatsache entnahmen, daß Deutschland hinsichtlich der Bewaldung zu den bestsituirten Staaten gehört.

Aber die Güter der Erde, sagt Maron*), und dazu gehören auch die Wälder, sind nicht gleichmäßig auf die Staaten und einzelnen Bezirke Deutschlands vertheilt. Es zeigt sich, daß die Wälder in den süddeutschen Ländern, nämlich Bayern, Rheinbayern, Württemberg und Baden, 33 Procent der Totalfläche der Wälder einnehmen, und auf den Kopf durchschnittlich dort $1^{4}/_{5}$ Morgen preußisch treffen, während in den niedersächsischen Staaten, Hannover, Lippe, Braunschweig, Mecklenburg-Schwerin und Strelitz, Holstein, Oldenburg, Lübeck, Hamburg, Bremen, nur 12 Procent der Totalfläche bewaldet und daher dort auf den Kopf der Bevölkerung nur wenig über $9/_{10}$ Morgen zu berechnen sind.

Geht man specieller ein, so findet sich, daß in den süddeutschen Staaten, z. B. in Bayern und Rheinbayern, auf den Kopf 2,11 Morgen, in Württemberg nur 1,39 Morgen, in Baden aber 1,50 Morgen kommen, daß dagegen in den niedersächsischen Staaten, z. B. bei Oldenburg mit Eutin, nur 0,60, also $3/_{5}$ Morgen, bei Lübeck 0,25 Morgen, bei Hamburg sogar nur 0,06 Morgen auf den Kopf treffen.

Die folgende Tabelle, die wir dem vortrefflichen Werke, mit Ausnahme der Oesterreichischen Staaten entlehnen, giebt folgende Data:

---

*) Forststatistik von Maron. 1862. Berlin bei Springer.

Staaten.	Waldbestand in Morgen.	Procentgehalt der Bewaltung zur Gesammtoberfläche.	Einwohnerzahl 1858.	Anzahl der Morgen, die auf den Kopf der Bevölkerung kommen.
Preußen	25637841	26	17759913	1,50
Bayern	9696456	33	4615748	2,11
Württemberg	2324519	30,43	1690898	1,39
Baden	1996343	33,43	1335952	1,50
Sachsen	1792739	31,00	2122148	0,80
Hannover	1904313	17,00	1844651	1,03
Kurhessen	1449206	40,59	726739	2,00
Großherzogth. Hessen	1081357	35,00	850882	1,25
Sachsen-Weimar	356776	25,00	267112	1,25
Schwarzburg-Sondershausen	98107	28,07	62974	1,50
„ Rudolstadt	128668	35,00	70030	1,84
Coburg-Gotha	240359	33,00	153879	1,59
Meiningen	363947	40,00	168816	2,16
Sachsen-Altenburg	158791	30,5	134659	1,20
Anhalt-Dessau-Cöthen	112636	15,83	119515	0,93
Reuß ältere Linie	35888	30,00	40515	0,90
„ jüngere Linie	125247	38,00	81806	1,50
Anhalt-Bernburg	107071	31,55	56031	1,82
Lippe-Detmold	132904	28,00	105155	1,25
Braunschweig	467178	33,00	273394	1,35
Lippe-Schaumburg	50000	30,00	30144	1,66
Mecklenburg-Schwerin	600000	12,00	542148	1,09
„ Strelitz	235413	26,00	99628	2,25
Holstein-Lauenburg	259643	7,05	573003	0,40
Oldenburg mit Eutin	174684	7,00	294359	0,60
Lübeck	11862	8,04	49324	0,25
Bremen	?	?	88856	?
Hamburg	2361	0,56	222379	0,06
Hessen-Homburg	29763	35,00	25746	1,16
Luxemburg mit Limburg	369464	20,00	374196	1,00
Nassau	755699	41,20	435777	1,75
Waldeck und Pyrmont	163450	34,20	57550	2,80
Frankfurt	16396	40,00	80611	0,20
Deutsch-Oesterreich	24384000	28	13752000	1,78
Ganz-Deutschland	75263081	26,58	49086538	1,53

In Anbetracht des verhältnißmäßig geringen Raumes, der dem Verfasser bei der Behandlung dieses umfassenden Thema's gesteckt ist, muß leider von einer eingehenden Schilderung der Waldbestände abgesehen werden. So viele Berichte dem Verfasser auch aus den verschiedenen Gegenden Deutschlands vorliegen, so reichhaltig die Literatur besonders in den Zeitschriften über Land- und Forstwirthschaft vertreten ist, obgleich endlich der Verfasser einen großen Theil der Waldungen wenigstens in Mitteldeutschland aus eigener Anschauung kennt: so muß er doch darauf verzichten, sich in Specialitäten einzulassen, da bei einer lückenhaften Aufzählung dem sorgsamen, wie dem leichtsinnigen Waldbesitzer gleich Unrecht geschehen müßte. Im Allgemeinen sind die Staatswaldungen am besten gepflegt, ganz entgegen dem beobachteten Erfahrungssatze, daß der Staat in der Regel schlechter und theurer wirthschaftet, als die Privaten, doch herrscht auch hier in den einzelnen Ländern der größte Unterschied. Die Privatwaldungen mit Ausnahme derjenigen, welche Corporationen angehören und dann von wissenschaftlich und praktisch gebildeten Forstbeamten verwaltet werden, befinden sich zum größten Theile nicht in der Pflege, welche der Bedeutung der Waldungen angemessen ist. Das, was bereits in der Einleitung erwähnt worden ist, findet leider auf mindestens die größte Hälfte der deutschen Privatwaldungen Geltung. Unkenntniß mit der nöthigen Pflege des Waldes kann wohl als Hauptursache des schlechten Zustandes der meisten Privatforsten angesehen werden. Während der Landmann im Feldbaue so bedeutende Fortschritte gemacht hat, ist er in Bezug auf Waldbau weit hinter dem jetzigen Stande der Wissenschaften und der rationellen Forstcultur zurückgeblieben. Daß besonders der kleinere Besitzer oft keinen richtigen Begriff von der Art des Waldbaues hat, dürfte am besten der Umstand beweisen, daß die Meisten nicht anerkennen wollen, daß der Waldbau, soweit er in den Händen der Privaten ist, meist mißlich bestellt sei. Gewöhnlich deuten dann diese Herren, sobald sie aufmerksam gemacht werden, darauf hin, daß der oder jener Wald viel geringer sei, oder daß man zur Zeit ihrer Väter und Großväter ganz anders mit dem Walde umgegangen sei. Ebenso ist dem Verfasser mehr als ein Fall bekannt, daß sehr intelligente Oekonomen, die jeden Fortschritt des Landbaues mit Freuden begrüßten, und, wenn auch mit Vorsicht, doch versuchsweise praktisch ausführten, sich beleidigt fühlten, wenn man von dem schlechten Stande der Privatwälder sprach, oder über den Stand ihres Holzes sich unzufrieden auszusprechen erlaubte. Es ist dies, wie dem Verfasser wenigstens scheint, der deutlichste Beweis, daß diese Herren einen besseren Zustand ihres Waldes nicht eher herbeiführen können, bis ihnen theoretisch und praktisch gezeigt worden ist, wie ein Wald zu behandeln sei. Es wird noch ausdrücklich bemerkt, daß hier von keinem Walde die Rede ist, der durch Blößen und unangebaute Stellen das sprechendste Zeugniß von der Nachlässigkeit und Unachtsamkeit seines Besitzers giebt.

Es ist hier nicht der Ort, über den Waldbau specielle Regeln beizubringen, der Verfasser trägt sogar Bedenken, die Werke der hervorragendsten deutschen Forstschriftsteller zum Studium zu empfehlen. Gesetzt, es wollte sich irgend ein Oekonom zugleich mehrere forstwissenschaftliche Werke kaufen, in der richtigen Meinung, daß er das, was ihm in dem einen Buche nicht klar würde, in dem anderen finden könnte, und er geriethe zufällig auf Liebich's Forstcompendium und auf ein Buch der anderen Schule — der Verfasser ist weit entfernt, die Bücher dieser Männer irgendwie anzugreifen — würde er hier nicht rath- und thatlos dastehen, und vielleicht durch beide Bücher zu großen Mißgriffen verleitet werden? Oder er führt die eine Methode ein, wird aber durch ein anderes Werk, das ihm später in die Hände kommt, veranlaßt, anders zu verfahren? Beim Feldbaue ist der Schaden nicht groß, und übrigens in einem, höchstens zwei Jahren wieder gut gemacht, schlimmer und nachhaltiger wirkt eine Wirthschaftsveränderung auf den Wald ein. — In anderer Hinsicht sind aber auch alle, selbst die besten Forstbücher nicht für den Landmann, sondern für den Forstwirth geschrieben. Dies beweisen wohl am deutlichsten die überall eingeführten technischen Ausdrücke, die dem Landwirthe mehr oder weniger unverständlich sein werden. Endlich aber, und dies ist der Hauptgrund, ist es unmöglich, die Forstwirthschaft aus dem Buche zu lernen. Es wird Niemandem einfallen, dem, der sich in der Landwirthschaft unterrichten will, ohne in dem Besitze der nöthigen Vorkenntnisse zu sein, ein Buch zum Studium vorzuschlagen; die Ergebnisse möchten nicht die besten sein. Wenn dieser Vergleich deshalb nicht ganz passend erscheinen möchte, weil der Landmann doch nicht ganz unbekannt mit der Forstwirthschaft ist, so wird er doch hoffentlich das Thörichte jenes Vorschlages einsehen lassen. Praktische Belehrung wird hier am wirksamsten sein. Es muß gezeigt werden, daß dieser Wald durch eine verkehrte Schlagweise, jener durch Entnahme von Streu und Laub, ein dritter durch Insecten gelitten habe, daß ein vierter nicht die seinem Boden angemessene Holzart trage, daß sich bei einem fünften andere nachtheilige Einflüsse geltend gemacht haben. Es muß dabei gezeigt werden, wie allen diesen Nachtheilen möglichst vorgebeugt werden könne.

Wie früher Professor Stöckhardt als Reiseprediger für Chemie auftrat, wie Faucher in den beiden letzten Jahren durch seine Vorträge in den bevölkertsten Städten Südwestdeutschlands für Gewerbefreiheit und Genossenschaftswesen, für Freizügigkeit und Reform des Zollvereines wirkte und die volkswirthschaftlichen Theorien populär machte, so würden die zahlreichen landwirthschaftlichen Vereine Deutschlands unserer Ansicht nach kein besseres Mittel finden können, als wenn sie praktische Forstbeamte, die durch lange Praxis sich reiflich Erfahrung eingesammelt haben und mit der Denk- und Handelsweise des Landmannes vertraut und bekannt sind, zum Halten angemessener Vorträge und zur Discussion dahin einschlagender Fragen bewegen könnten. Durch gewinnendes persönliches Auftreten, milde Beurtheilung, kurz durch den richtigen Takt muß es möglich werden, der ganzen Untersuchung alles Drückende und Gehässige zu nehmen. Die Art und Weise der Belehrung muß so geschehen, wie sie ein erfahrener Freund dem in dieser Sache unkundigen Freunde geben würde. Tadelnde Bemerkungen und Aeußerungen, bei denen eine Ueberlegenheit in diesem einen Zweige sich geltend zu machen versuchte, würden nur verletzen und Alles verderben. Daher nur die geeigneten Persönlichkeiten.

Der deutsche Boden besitzt auf alle Fälle hinreichend Waldareal, um das große Vaterland sowohl vor klimatischen Nachtheilen, als auch vor Holzmangel zu bewahren; ja die Menge der Wälder könnte ohne Zweifel noch vermindert werden, wenn alles Holzland voll producirte. In einigen Gegenden Deutschlands — am schlimmsten ohne Zweifel in den österreichischen Alpen und in den übrigen Staaten da, wo guter Boden den Ackerbau rentabler macht, als den Waldbau — hat man jedenfalls in der Entwaldung steiler Abhänge zu viel gethan und haben dort auch die Nachtheile nicht auf sich warten lassen, im großen Ganzen fehlt es uns aber weniger an Wäldern, als an einer vollen Holzproduction, als an festgeschlossenen lücken- und blößenfreien Beständen, welche die klimatischen Extreme wirksam zu reduciren vermöchten.

Die vorherrschenden Baumarten der deutschen Wälder sind bekannt, und deren verschiedene Ansprüche an die Bodenbeschaffenheit (ob Sand, Thon-, Kalkboden u. s. w.) sind in jedem guten Forsthandbuche zu finden. Eine Eintheilung der Bestände nach den geognostischen Bodenverhältnissen ist zur Zeit noch sehr lückenhaft zu geben, ja es ist nicht einmal möglich, für ein einzelnes kleineres Territorium mit Berücksichtigung der geognostischen Formationen die Anzahl der Morgen anzugeben, welche ausschließlich von einer und derselben Baumspecies bedeckt sind. Ungefähren Schätzungen zufolge, die wir den neuesten statistischen Handbüchern der einzelnen Staaten entnehmen, glauben wir wenigstens folgende Zahlen annehmen zu dürfen:

    Kiefern 26 Procent der ganzen Bewaldung.
    Fichten 22 „ „ „ „
    Tannen 10 „ „ „ „
    Buchen 17 „ „ „ „
    Eichen 5 „ „ „ „
    Birken 7 „ „ „ „

Der Rest von circa 13 Procent vertheilt sich auf die übrigen Holzarten, z. B. Esche, Erle, Lärche, Saalweide, Hasel; ganz untergeordnet ist das Vorkommen des Ahorns, der Lindenarten, der Ulme, Roßkastanie u. s. w.

Ueber den Procentsatz von Laubholz und Nadelholz giebt Maron wenigstens für die Staatswaldungen ausführlichere Tabellen, von denen wir nur die Endresultate anführen. Das procentale Verhältniß dürfte auch bei Laub- und Nadelwäldern für die im Privatbesitze befindlichen Wälder annähernd dasselbe sein, dagegen leidet es keinen Zweifel, daß bei Waldungen der Landwirthschaft der Mittel- und Niederwald höhere Procentsätze aufzuweisen haben, als bei den Staatswaldungen. Es finden sich:

	nach Procenten.		nach Procenten.	
	Laubholz.	Nadelholz.	Hochwald.	Niederwald.
Oesterreich	42	58	—	—
Preußen	30	70	94	6
Bayern	—	—	—	—
Württemberg . . .	52	48	75	25
Baden	—	—	—	—
Sachsen	9	91	95	5
Hannover	50	50	82	18
Kurhessen	65	35	97	3
Großherzogth. Hessen .	66	34	87	13
Sachsen-Weimar . . .	57	43	83	17
Schwarzburg-Sondershausen	50	50	85	15
„ Rudolstadt .	21	79	81	19
Coburg-Gotha	29	71	79	21

Statistik der Waldungen Deutschlands.

	nach Procenten.		nach Procenten.	
	Laubholz.	Nadelholz.	Hochwald.	Niederwald.
Meiningen	36	64	80	20
Sachsen-Altenburg . .	26	74	76	24
Anhalt-Dessau-Cöthen . .	45	55	60	40
Reuß jüngere Linie . .	7	93	94	6
Anhalt-Bernburg . . .	31	69	75	25
Lippe-Detmold	89	11	90	10
Braunschweig	68	32	77	23
Mecklenburg-Strelitz . . .	34	66	88	12
Holstein-Lauenburg . . .	71	29	89	11
Oldenburg mit Eutin . .	76	24	71	29
Lübeck	80	20	77	23
Hamburg	76	24	64	36
Hessen-Homburg	92	8	21	79
Luxemburg mit Limburg .	91	9	11	89
Nassau	84	16	74	26
Waldeck und Pyrmont . .	90	10	80	20
Frankfurt	68	32	97	3

In ganz Deutschland herrschen, wenn man erwägt, daß nur die kleineren Staaten große Mengen von Laubwaldungen besitzen, die Nadelwaldungen vor. Noch entschiedener tritt aber der Hochwald auf und ist dies um so erfreulicher, als, wie schon erwähnt, diese Betriebsweise die wirthschaftlich empfehlenswertheste ist.

Ueber die Erträge sämmtlicher Waldungen der einzelnen Länder — über die Erträge der Staatswaldungen werden wir im nächsten Capitel eine Tabelle beibringen — sind leider ebenso wenig zuverlässige Nachrichten vorhanden. Die Grundsteuerschätzung würde in Ermangelung anderer Data hinreichende Grundlagen abgeben, wenn nicht bei dem ganz verschiedenen Preise der Waldproducte eine Schätzung nach Geldwerth ihre großen Schattenseiten hätte. Doch auch darüber liegen keineswegs genaue Data vor. Ein sonst gut unterrichtetes Blatt, der in Frankfurt a. M. erscheinende Arbeitgeber*), stellt folgende Tabelle auf.

Der Morgen giebt in

Frankfurt (Stadtwald)		70—90 Sgr.	Reinertrag
Anhalt-Dessau . .	auf 112640 Morg. Wald	45 „	„
Baden	„ 1,920000 „ „	43 „	„

---

*) Jahrgang 1862, Nr. 284.

Sachsen	auf	1,788000	Morgen Wald	36—45	Sgr. Reinertrag
Hessen-Darmstadt	„	1,032000	„ „	31,7	„ „
Braunschweig	„	467000	„ „	29	„ „
Württemberg	„	2,359000	„ „	25	„ „
Anhalt-Bernburg	„	95000	„ „	22,5	„ „
Hannover	„	1,841000	„ „	15	„ „
Preußen	„	26,260000 (?)	„ „	10,3	„ „
Oesterreich	„	25,384000 (?)	„ „	3,5	„ „

Nach unseren Erfahrungen sind diese Angaben ungenau, obgleich nicht erwähnt ist, ob blos der Holzertrag, wie die letzten Zahlen vermuthen lassen, gerechnet ist, oder ob z. B. bei den 3 Thlrn. Reinertrag des Frankfurter Stadtwaldes auch die Nebennutzungen in Geld umgesetzt sind. Wir zweifeln nicht, daß diese Zahlen mit Ausnahme der vier letzten Posten von bewährten Forstwirthen und ebenso von der gesammten Landwirthschaft für zu hoch erklärt werden, vergleicht man aber den Preis eines Morgens Waldland, für den in Deutschland von etwa 10—150 Thaler gezahlt werden mögen, so wird man nicht behaupten können, daß der Reinertrag dem üblichen Zinsfuße entspricht, und beweist dies selbst bei dieser hohen Normirung, daß der Waldbau in Deutschland die wünschenswerthe Stufe der Vollkommenheit noch nicht erreicht hat.

X.
Die Staatswaldungen.

Die productive Thätigkeit der Regierungen, die unter dem Namen der Staatsindustrie zusammengefaßt wird, hat vielfache Angriffe erleiden müssen. Wir sind keineswegs mit der Staatsindustrie befreundet, sind aber, sowie die Sachen jetzt liegen, nicht gesonnen, sie für alle Branchen, am allerwenigsten aber für den Forstbetrieb, sofort zu beseitigen.

Das Maß der Staatsindustrie wird sich in der Hauptsache nach dem Culturgrade der Regierten zu richten haben. Ist das Volk an die Selbstthätigkeit noch nicht gewöhnt, ist die Privatspeculation durch Mangel an Intelligenz oder an Capital noch nicht hinreichend gekräftigt, dann, aber auch nur dann wird es zu billigen sein, daß die Regierung die Initiative ergreift und dem Fortschritte durch anregendes Beispiel ebenso sehr, wie durch angemessene Einrichtung der verbindenden und vermittelnden Zwischenglieder der Production die Wege ebnet. In fast allen Fällen kann daher der Grundsatz aufgestellt werden: von Seiten des Staates zeitgemäße industrielle Unternehmungen nur dann zu entriren, wenn die Privatthätigkeit deren Ausführung abgelehnt hat. Die gesteigerte Intelligenz weckt den Erfindungsgeist und mit diesem die schlummernden productiven Kräfte. Die vermehrte Production erhöht das Capital, kräftigt den Unternehmungsgeist. Speculative Triebkraft und Erwerbsthätigkeit suchen sich dann die geeigneten Gebiete ihres Schaffens und Wirkens aus und vereinigen sich da, wo die Kraft des Einzelnen nicht ausreicht, zu gemeinsamem Handeln. Selbst die Capitalmacht des Staates, die von den Einzelnen nur ganz ausnahmsweise erreicht werden kann, ist durch unsere modernen Actiengesellschaften mehr als einmal überboten worden. Der Fortschritt muß im Volke wurzeln, da er sich nicht von oben herab dictiren läßt. Schon deshalb ist die Industrie des des Staates bedenklich.

Außerdem wirthschaftet der Staat fast ohne Ausnahme theurer, als der Privatmann. Bei diesem hängt die Existenz mehr oder weniger von dem Gelingen des Unternehmens ab, und deshalb vereinigt derselbe alle seine Umsicht und Sorgfalt, seinen Fleiß und seine Kenntnisse in der Führung seines geschäftlichen Unternehmens. Das persönliche Interesse bleibt einmal, so lange wir Menschen sind, ein mächtiger Sporn zur Entfesselung aller Kräfte. Der Staat verwaltet dagegen seine Erwerbszweige durch seine Beamten, welche bei aller Ehrenhaftigkeit des Charakters, bei allen ihren theoretischen Kenntnissen und Fähigkeiten, einer geringen Rentabilität gegenüber ebenso wenig directe Nachtheile zu besorgen, wie sie bei einer reichen Geschäftsausbeute keinen besonderen Gewinn zu hoffen haben. Die Sorgfalt des Privatbesitzers kann und darf von ihnen nicht erwartet werden. Der Beamte ist ferner dem Staate verantwortlich, und wie recht und billig, muß sich der Letztere darum kümmern, daß das staatliche Unternehmen prosperire. Bei der kleinsten unvorhergesehenen Abänderung, wie sie in jeder Geschäftsbranche täglich vorkommt, entsteht dann ein langwieriger Instanzenzug von Unten nach Oben, und von da wieder zurück.

Der Mißbrauch, der mit der Staatsindustrie von Seiten der Regierung getrieben worden ist, ist gleichfalls kein Geheimniß. Der Proceß der Gütererzeugung kann unmöglich von den politischen Nebenzwecken befruchtet werden, die man zum Nachtheile der Rentabilität des Unternehmens und zum Schaden politisch verdächtiger Consumenten im Geheimen hier und da mit unterlaufen ließ. Die Capitalmacht des Staates ist ferner der concurrirenden Privatindustrie gegenüber beinahe unerschöpflich zu nennen, der Wettbewerb daher nicht einmal annähernd ein gleichmäßiger, und endlich kommt es bei Rechtsentscheidungen nicht gar zu selten vor, daß der Staat, als Kläger und Richter in eigner Sache, in seinen eigenen Processen anders entscheidet, als bei denselben Streitigkeiten zwischen Privaten.

Wenn wir uns darüber umständlicher verbreitet haben, als vielleicht nöthig gewesen wäre, so geschah dies, um von vornherein zu versichern, wie wenig wir im Allgemeinen mit der Staatsindustrie einverstanden sind, und dadurch darzulegen, daß uns doch noch wichtigere Gründe bestimmen, bei den Staatswaldungen von dem Principe abzuweichen.

In den meisten Staaten Europa's gehören jetzt noch größere oder kleinere Waldungen zu den Besitzungen der Krone. In neuerer Zeit ist von mehreren sonst recht anerkannten Schriftstellern über Staatswirthschaft vorgeschlagen worden, daß es weit vortheilhafter sei, wenn der Staat seine Besitzungen an Domainen und Waldungen verkaufe. Lange unglückliche Kriege, vielleicht auch schlechte Bewirthschaftung hatten in der Vergangenheit in manchem Lande den Staatscredit untergraben, und es tauchte dann immer der Vorschlag auf, die Staatswaldungen in Geld umzusetzen und sich dadurch aus der augenblicklichen Noth zu helfen. Jene Schriftsteller stützten dabei ihre Lehre auf den allerdings ganz richtigen Grundsatz, daß bei völlig freier Benutzung des Grund und Bodens die höchste Rente zu erzielen sei.

Man begeht hier zuerst den Fehler, daß man Domainen und Staatswaldungen in eine Kategorie wirft. Die Domainen sind in den meisten Ländern aus dem Besitze der Kronen in die Eigenbehörigkeit des Staates übergegangen, und betrachtet derselbe deren Ertrag als eine sichere Einnahmequelle. Der Irrthum, daß indirecte Besteuerung möglichst durchzuführen sei, die falsche Ansicht, daß der Grundbesitz als sicherstes Besitzthum der Privaten auch dem Staate die größte Sicherheit gewähren und trotz der Staatsschulden seinen Credit erhöhen müsse, endlich die Idee, daß die Domainen, so zu sagen, Musterwirthschaften für den kleineren Grundbesitz sein sollten, alle diese Ansichten haben den Domainen einen Werth verschafft, der bei näherer Betrachtung allerdings nicht existirt.

Vor allen Dingen ist es Thatsache, daß Domainen, welche der Staat bewirthschaftet, fast ohne Ausnahme niederere Erträge geben, als Güter von derselben Ausdehnung und Bodenbeschaffenheit im Privatbesitze. Der Staat verliert daher nicht nur an Capitalzinsen, sondern er vermindert auch in seinem Lande die Production der Rohstoffe. In der Regel sind indeß die Domainen verpachtet. Die Folge davon ist, daß der Pachter darauf angewiesen ist, den Boden möglichst auszunutzen, da Meliorationen, welche sich erst im Laufe der Zeit als rentabel herausstellen, schwerlich ausgeführt werden. Eine allmälige Entwerthung der Domainen ist die unausbleibliche Wirkung, und während der Preis der landwirthschaftlichen Grundstücke sich in Deutschland im Laufe von 30 Jahren beinahe verdoppelt hat, ist das Pachtäquivalent der Domainen kaum bemerkbar gesteigert worden. Die Staatskasse trägt auch auf diese Weise Jahr aus Jahr ein einen größern oder kleinern Verlust. Was die Musterwirthschaften betrifft, so hat sich der Fortschritt auch da erfolgreich Bahn gebrochen, wo Domainen fehlten, und wenn man endlich darauf hingewiesen hat, daß der Staat in seinen Domainen Vorrathskammern für Zeiten der Noth besitze, so spukt jedenfalls noch ein Rest des alten Kornwuchers in den Köpfen, da die beste und billigste Kornkammer in der Aufzucht von Schlachtvieh während der Jahre des Ueberflusses zu erblicken ist.

So lange ein Staat keine Schulden zu verzinsen und zu tilgen hat, wollen wir uns im Nothfalle gefallen lassen, daß er seine Domainen beibehält; ist das aber nicht der Fall, dann halten wir es für Pflicht des Staates, einen Besitzgegenstand zu veräußern, der ihm nur 3, höchstens 4 Procent jährlichen Ertrag abwirft, während die aufgenommenen Darlehen mit 5 Procent verzinst werden müssen.

Bei den Staatswaldungen gestalten sich die Verhältnisse ganz anders. Hier ist ein rentabler Betrieb nur bei einer möglichst großen Fläche möglich, wie sie sich eben in den Händen des Staates befindet. Die Nachhaltsbewirthschaftung erfordert ferner, daß der Besitzer für lange Jahre auf jede Rente verzichtet, eine Anforderung, welche man dem Privatbesitze nicht allemal stellen darf. Dazu kommt aber vor Allem der früher schon geschilderte überaus wichtige Einfluß der Wälder auf die klimatischen und Feuchtigkeits-Verhältnisse eines Landes, und würden wir bei dem heutigen Zustande der meisten deutschen Privatwaldungen beklagen müssen, wenn die Staatswaldungen, nur um ein sonst ganz richtiges Princip zu retten, verkauft und der möglichen Ausrodung preisgegeben würden. Die jetzt geschlossenen Staatswaldungen würden sicher im Laufe der Zeit in unendlich viele Stücke zersplittert werden und dabei ein großer Theil des früheren Ertrags verloren gehen. In anderer Hinsicht wird selbst der vortheilhafteste Verkauf dem Staate nur schaden. Dem Privatmanne kann man es nicht verdenken, wenn er, lediglich seinem Interesse folgend, durch den Abtrieb seines Waldbestandes bei leidlich gutem Boden sein jährliches Einkommen verdoppelt, und dabei ein anderes Capital aus dem verkauften Holze gewinnt.

Nur um ihr Princip von der Schädlichkeit der Staatsindustrie zu retten, haben Die, welche die Staatswaldungen verkauft wissen wollten, vorgeschlagen, bei der Versteigerung sollte zugleich als Bedingung festgesetzt werden, daß die Waldungen fortdauernd als solche auch vom Privatbesitzer erhalten werden müßten. Wir begreifen dann aber in der That nicht, wie man auf Jahrhunderte hinaus den wirthschaftlichen Betrieb fixiren will, und scheint uns ferner ein großer Widerspruch darin zu liegen, daß man unter solchen unerhörten Verkaufsbedingungen auf einen hohen Preis rechnet. Wir ziehen es deshalb vor, dem Staate, der in Deutschland wenigstens fast ohne Ausnahme rationeller wirthschaftet, als der Privatbesitz, seine Waldungen zu erhalten, obgleich wir nicht zweifeln, daß in späterer Zeit, wenn die steigende Intelligenz die Wichtigkeit der Wälder in allen Kreisen befestigt und wenn die Grundsätze einer rationellen Forstwirthschaft dem Walde einen höheren Ertrag als jetzt gesichert haben werden, auch dieser Theil der Staatsindustrie schrittweise wird aufgegeben werden können.

Dasselbe gilt auch von den Waldungen der Schulen und Kirchen, der Körperschaften und Stiftungen, deren Besitzthum der Oberaufsicht des Staates unterworfen ist, resp. vom Staate garantirt wird. Natürlich soll damit nicht gesagt sein, daß man ängstlich darauf bedacht sein müsse, jeden Acker dem Walde zu erhalten. Mit vielem Vortheile könnte vielleicht auch bei den Staatswaldungen, da wo es die Lage erlaubt, mancher Acker des besten Bodens durch Verpachtung oder Verkauf dem Ackerbaue übergeben werden, sobald statt dessen eine ähnlich große passend liegende Fläche, die ihrer Bodenbeschaffenheit nach bei Waldbestand den meisten Ertrag geben würde, angekauft wird. Doch ist auch hier nicht zu übersehen, daß dies seine Schwierigkeiten hat. Der Forstmann aber möge dem Verfasser verzeihen, daß dieser ihm seinen besten Boden rauben und ihn dafür mit geringerem entschädigen will; er möge bedenken, daß es viel verdienstlicher sein wird, wenn auch mit und bei geringen Mitteln Großes geleistet wird.

In Deutschland findet sich zur Zeit mehr als die Hälfte des gesammten Waldareals in den Händen der verschiedenen Staaten, der Stiftungen, Kirchen, Schulen u. s. w. und ist dies ein weiterer Grund, warum wir später das Oberaufsichtsrecht des Staates und seine Eingriffe in den Privatbesitz auf ein Minimum beschränken wollen. Die Beibehaltung der Staatswaldungen heißt dann der Uebel kleineres wählen.

Vergleichen wir die Statistik, wie sie Maron in seinem trefflichen Werke giebt, so finden sich

Staat.	Gesammtfläche der Wälder. Morgen.	Staatsforsten. Morgen.	Gemeindeforsten. Morgen.	Kirchen- und Institutsforsten. Morgen.	Privatforsten. Morgen.
Preußen	25637841	7874432	3605523	223818	13934068
Bayern	9696456	3309201	1357303	179564	4850388
Württemberg	2324519	749303	747301	64563	763352
Baden	1996343	343726	970905	41320	640392
Sachsen	1792739	603120	77837	42385	1069397
Hannover	531929	206487	193215	22703	109524
Kurhessen	1449206	782130	490368	43847	222861
Großherz. Hessen	1081357	328996	401324	3218	347819
Sachsen-Weimar	356776	171212	49147	3945	132472
Schwarzb.-Sondersh.	98107	62532	22570	909	12096
Schwarzb.-Rudolstadt	128668	69548	23036	1896	34188
Coburg-Gotha	240359	159138	42211	1646	37364
Meiningen	363947	157639	126529	—	79779
Sachsen-Altenburg	158791	65857	5016	4567	83351
Anhalt-Dessau-Cöthen	112636	97395	1917	446	12878
Reuß jüngere Linie	125247	61452	2616	1890	59289
Anhalt-Bernburg	107071	70435	391	1859	34386
Lippe-Detmold	132904	71229	17024	343	44308
Braunschweig	467178	325781	105944	1743	33710
Mecklenburg-Strelitz	235413	160639	4254	652	69868
Holstein-Lauenburg	259643	125708	5735	—	128200
Oldenburg mit Eutin	174684	74206	44027	—	56451
Lübeck	11862	11862	—	—	—
Hamburg	2361	1883	—	—	478
Hessen-Homburg	29763	7050	18897	39	3777
Luxemburg m. Limburg	369464	—	110211	517	258736
Nassau	755699	143273	570112	3344	38970
Waldeck mit Pyrmont	163450	106702	42836	1278	12634
Frankfurt	16396	13564	2398	370	64
Deutschland ohne Oesterreich	50879081	17383633	9191288	669408	23634752

Die Staatswaldungen.

Daß die deutschen Staatswaldungen fast ohne Ausnahme besser und rentabler bewirthschaftet werden, als die Privatwaldungen, ist bekannt. Nach den neuesten Daten fanden sich *)

Staaten.	Jährliche Production pr. Morgen.			Jährlicher Netto-Geldertrag pr. Morgen.			Administrationskosten.
	vom Derbholz	Stockholz u. Reisig	Summa	Thlr.	Sgr.	Pf.	p.Ct.
	Cubikfuß						
Preußen	13	3	16	—	16	1	42
Bayern	34	2	36	—	29	2	24
Württemberg	38½	1½	40	1	2	7	50
Baden	38	4	42	1	27	6	33
Sachsen	49	18	67	1	18	—	36
Hannover	—	—	43	1	7	10	39
Kurhessen	18	5	23	unbekannt			—
Großherzogthum Hessen	unbekannt			1	11	8	20
Sachsen-Weimar	—	—	31	1	10	6	17
Schwarzburg-Sondershausen	—	—	51	2	3	5	30
„ Rudolstadt	24	10	34	1	14	8	29
Coburg-Gotha	35	1½	36½	2	7	7	32
Meiningen	38	4	42	1	10	3	32
Sachsen-Altenburg	39	6	45	1	15	10	34
Anhalt-Dessau-Cöthen	unbekannt			2	14	10	30½
Anhalt-Bernburg	21	10	31	1	9	2	40
Lippe-Detmold	18	5	23	—	20	5	60
Braunschweig	37	4	11	1	6	2	51
Mecklenburg-Strelitz	—	—	19	1	3	9	16
Holstein-Lauenburg	29	13	42	1	26	3	33
Oldenburg mit Eutin	unbekannt			—	21	2	50
Frankfurt	26	13	39	2	24	—	29
Hamburg	11	24	35	1	24	—	50
Hessen-Homburg	10	15	25	—	26	5	35
Waldeck-Pyrmont	22	2	24	—	11	4	61
Nassau	—	—	32	1	8	7	41

---

*) Von Oesterreich fehlen Daten in dieser Ausdehnung. Im Jahre 1851 erreichten das Waldland und der Holzertrag in den einzelnen deutschen Kronländern folgende Ziffern:

Daß selbst die bestverwalteten unter den Staatsforsten der Verbesserung fähig sind, braucht kaum erwähnt zu werden. Die immer noch zu geringe Rentabilität, welche nur eine niedrige Verzinsung des Grund- und Betriebskapitals gestattet, weist darauf hin, daß entweder die Preise der Waldproducte zu den anderen Erzeugnissen sich noch nicht in das richtige Verhältniß gestellt, oder daß der Wald noch zu wenig producirt. Die Forstbeamten sind sofort bereit, das Erstere zu erklären, während wir wenigstens einen Theil der Schuld weniger vielleicht in der Bewirthschaftung des Waldes, sondern in der mangelnden speculativen Verwerthung der Producte zu erblicken glauben. Wie allen Zweigen der Staatsindustrie klebt auch der Verwaltung der Staatsforsten ein Zug der Mildthätigkeit an, die höchstens der notorischen Armuth gegenüber zu billigen ist. Sobald sie aber diese Grenzen überschreitet, schmälert sie nicht nur den Ertrag der Waldgrundstücke ohne Noth, sondern gewährt auch den Betheiligten einen Schutz, der sich früher oder später rächt. Man scheint nicht zu bedenken*), daß Derjenige dem Armen weniger ein Wohlthäter ist, der ihm zwar billiges Holz liefert, ihn andererseits dagegen verhindert, seinen Unterhalt in der Rodung geeigneter Waldparcellen und in der Ansässigmachung auf dem vergrößerten landwirthschaftlichen Areal zu suchen, als der, welcher das Letztere mit Beachtung der Forderungen der Nationalökonomie und der Bedeutung der Wälder für den Volkswohlstand zu erzielen versucht. Uebrigens müßte auch mit einer Steigerung der Nebennutzungen, soweit sie bei regulairem Betriebe möglich sind, eine Erhöhung der Arbeitslöhne eintreten, da sich ja diese

	Waldland in Quadrat-Meilen.	Holzertrag in Wiener Klaftern.
Oesterreich unter der Ens	108,16	1,232600
Oesterreich ob der Ens	69,56	851900
Salzburg	40,11	503400
Steiermark	176,17	2,211100
Kärnthen	73,37	825300
Krain	69,34	780600
Küstenland	31,77	238100
Tyrol und Voralberg	166,13	1,702700
Böhmen	231,36	3,298500
Mähren	100,75	1,249600
Oesterreichisch Schlesien	30,57	348700

*) Vergleiche Bremer Handelsblatt Nr. 539. „Der Holztransport 2c."

wesentlich nach den wichtigsten Lebensbedürfnissen richten. Niedere Preise der Waldproducte, wie sie von den Vertretern der Staatsindustrie und Forstbeamten ruhmredig ausposaunt werden, schaden dem Nationalwohlstande, weil sie die Bodenrente vom Forstgrunde in unnatürlicher Weise schmälern. Ja sie sind nicht einmal eine Wohlthat, indirect eher ein Schaden für die ärmeren Klassen. Die Erfahrung zeigt dies deutlich; denn nirgends ist die Bevölkerung elender und verarmter, als in eigentlichen Walddistricten, wo die Bewohner das Holz um Spottpreise oder auf Grund von Berechtigungen umsonst erhalten, jede anderweitige landwirthschaftliche und industrielle Production dagegen darnieder liegt.

Warum z. B. der Staat, der hier als Industrieller auftritt, sich für verpflichtet erachtet, Waldstreu abzugeben, seine Grasnutzungen zum Nachtheile des jungen Bestandes vom Vieh der Nachbardörfer abweiden zu lassen, warum der Staat endlich zu seinem pecuniairen Schaden hier vorzugsweise Brennholz erzielen, dort einseitig die Bedürfnisse der Gerber an Eichenrinde berücksichtigen, da Holzkohlen erzeugen soll und wohlverstanden zu einem billigeren Preise, als dies von Seiten der Privatwaldungen geschieht, ist in der That nicht einzusehen. Doch wenn der Staat seinen eigenen Beamten, seinen Waldarbeitern billigere Preise stellt, ist dies nicht gerechtfertigt? Wir sagen Nein, obgleich wir überzeugt sind, dafür nur wenig Gesinnungsgenossen zu finden. Der Staat möge seine Beamten so anständig bezahlen, als es ihm nur möglich ist, dann aber auch seine anderweiten Leistungen nach dem Maße der vollständigsten Gegenseitigkeit berechnen. Der Beamte wird sich dabei jedenfalls besser stehen, und selbst der arme Holzarbeiter wird die wenigen Groschen mehr gern zahlen, denn sobald ihm bei seiner täglichen Löhnung jene Unterstützung bewußt oder unbewußt nicht mehr angerechnet wird, sobald der Wald der vermehrten Einnahme wegen eine höhere Rente abwirft, wird auch der Arbeiter besser bezahlt werden können.

Dieser Schattenseiten ungeachtet sind die Staatswaldungen den schlechter bewirthschafteten Privatwaldungen gegenüber in Deutschland als Rückhalt dafür zu betrachten, daß klimatische und wirthschaftliche Nachtheile nicht so leicht eintreten können, und waren wir erfreut, die Erträge und die Bewirthschaftung der meisten deutschen Staatswaldungen in ihrem günstigen Lichte zeigen zu können, weil freilich viele andere und zumeist außerdeutsche Regierungen mit den Wäldern der Krone unverantwortlicher als selbst die Privatbesitzer umgegangen sind. Bekannt ist, wie die französischen Regierungen unter allen Regierungsformen (in der Republik wie im Kaiserreiche) unverantwortlich mit den Forsten geschaltet haben. Und selbst jetzt, unter der Regierung Napoleons III., der mit hochtrabenden Phrasen eine Bewaldung der Höhen, den Bau von Schleusen und Dämmen u. s. w. versprochen hat, sind im Jahre 1862 wiederum von den Gütern der Familie Orleans zwei Forste in der Nähe von Paris von 5000 und 9000 Morgen zur Umrodung verkauft worden. Die Gegend ist überdies schon holzarm, und sind die Ueberschwemmungen in den letzten Jahren meistentheils wegen Mangels an Wald auf den Höhen entstanden. Statt der versprochenen Anpflanzungen, statt der Anlagen von Schleusen und Dämmen wird weiter geholzt. Denkt die Regierung, die Umwandlung des Stoffes sei der beste Weg, juristisches Eigenthum zu erwerben?

Spanien, das Schreckbild des Wäldermangels, hat Ende vorigen Jahres für viele Millionen Francs seiner Staatswaldungen verkauft. Von der Finanzverwaltung des österreichischen Kaiserstaates erhält man leider ebenso wenig ein erfreuliches Bild, wenn man die bayerische Grenze bei Reichenhall und Berchtesgaden überschreitet und die kahlen österreichischen Berge mit den dicht bewaldeten bayerischen vergleicht.

Sollen wir nach diesen Thatsachen noch fortfahren, der Staatsindustrie im Forstwesen das Wort zu reden? Wir thun es dessen ungeachtet, und sollten in der nächsten Zukunft einige der übrigen deutschen Staaten ihrem jetzigen Streben für Pflege und Erhaltung ihrer Wälder untreu werden, sollte sogar in Zeiten der Noth der Gedanke auftauchen, die vorhandenen Waldungen zu verkaufen und den Rettungsanker für die Freigebung der Privatwaldungen zu beseitigen, dann wird es Pflicht der Landstände sein, auf die Wichtigkeit der Wälder hinzuweisen und den Verkauf so lange zu hindern, als nicht fortgeschrittene Intelligenz und rationellere Bewirthschaftung der Privaten jede Besorgniß für eintretende klimatische Nachtheile und empfindlichen Holzmangel verschwinden lassen.

XI.
Der Staat und die Privatwaldungen.

Seit der Entstehung der Landeshoheit in unserem Sinne entwickelte sich nach und nach das Recht des Staates, alle in seinem Gebiete gelegenen Waldungen seiner Polizeigewalt zu unterwerfen. So traten schon um's Jahr 1470 in Süddeutschland, 1495 und 1514 im jetzigen Württemberg einzelne Beschränkungen scharf hervor. Es wird darin unter Anderem die Zeit des Holzfällens, Schonung der jungen Bestände, die Verwendung der verschiedenen Holzarten vorgeschrieben, ebenso werden das Rindenschälen, Kohlenbrennen und Weidenschneiden beschränkt, die Privatwaldungen aber unter die unmittelbare Aufsicht der Amtleute und Forstmeister gestellt. Diese Gesetze wurden aber bald vergessen, bis von Zeit zu Zeit wieder neue Verordnungen, bald strenger, bald milder als die vorhergehenden auftauchten.

So findet sich schon um's Jahr 1560 im jetzigen Baden ein Verbot der Holzausfuhr, nicht minder wurde in Süddeutschland den Privatbesitzern verboten, das in den eigenen Waldungen erbaute wilde Obst zu benutzen, Eicheln zu sammeln, Streu zu rechen u. s. w.

In früheren Zeiten, wo die Bevölkerung der deutschen Länder und der Bedarf an Holz aller Art noch nicht die Höhe erreicht hatten, zu der beide jetzt emporgestiegen sind, war eigentlich nur die Furcht der jagdberechtigten Landesherren und größerer Gutsbesitzer, ihren Wildstand durch Ausroden der Wälder verringert zu sehen, das hauptsächlich wirkende Motiv, welches sie zu Verordnungen wider das Abtreiben der Wälder und zu Geboten einer möglichst pfleglichen Behandlung derselben bestimmte. Die Furcht vor Holzmangel und einem zu hohen Steigen der

Holzpreise, auf welche man in der neueren Zeit die Verordnungen basirt, war damals nur Nebensache.

Im Allgemeinen unterscheidet man drei Beschränkungsarten, und zwar:

1) Förmliche Bevormundung, d. h. die Leitung und Führung der Waldwirthschaft geschieht nach den für die Staatswaldungen aufgestellten Grundsätzen. Weder die Wahl der Holzart, noch die Betriebsweise, noch die Umtriebszeit sind frei. Vom Staate angestellte Forstbeamte führen die Aufsicht.

Diese Beschränkungsart, die selbst in einem von Wäldern ganz entblößten Lande kaum gerechtfertigt sein dürfte, hat in Deutschland in ihrer ganzen Ausdehnung nie bestanden. Nur theilweise weisen einige Verordnungen in Hessen-Darmstadt (1811, 1819 3. August, 1838), Nassau, Braunschweig und einigen anderen kleinen deutschen Staaten darauf hin, doch nie sind derartige Bestimmungen zu richtiger Aus- und Durchführung gekommen.

2) Rodungen sind nur mit Genehmigung der Staatsbehörde gestattet, der übrige Betrieb ist frei. Es giebt wohl in Deutschland kaum einen Staat, der in seinen Gesetzbüchern nicht einige Paragraphen enthielte, welche das Verbot der Holzausrodung dann aussprechen, wenn dieselbe in der Absicht vorgenommen wird, Holz nicht wieder auf demselben Grundstücke zu erbauen. Da dies um so leichter geschieht, je kleiner das Waldareal ist, so ist gleichzeitig nicht selten das Verbot damit verbunden, große Waldungen nicht in so kleine Theile zu zerstückeln, welche eine entsprechende forstmäßige Behandlung nicht mehr erlauben. In anderen Staaten, wo freie Theilbarkeit des Grundeigenthumes nicht gestattet war, bedurfte es dieser speciellen Bestimmungen nicht, da sich die Geschlossenheit des Grundbesitzes auch mit auf die Waldungen erstreckte.

So sagt z. B. ein Sächsisches Gesetz vom 11. Mai 1726:

„Und wie es im Uebrigen wegen Abtreibung und Ausrodung derjenigen Hölzer, so in unserer Wildbahn gelegen, bei denjenigen, so in weyland Kurfürst Augusti 1560 publicirten Forst- und Holzordnung sein nochmaliges Bewenden hat: Also soll auch außerdem solches niemand anderer Gestalt, als auf vorher an Unsere Landesregierung erstatteten Bericht und darauf erfolgte Vergünstigung nachgelassen sein und ohne solche Niemand das

Gehölze auszuroden und abzutreiben und den Boden zu Feld oder zu Wiese zu machen sich unterstehen" *).

Derartige Verbote der Rodungen sind indeß bei den Privatbesitzern ganz und gar in Vergessenheit gekommen, und die Behörden haben stillschweigend geduldet, daß die Wälder eigenmächtig gerodet wurden. Und dies mit Recht; denn ein Land, das an vielen Orten noch über 30 Procent Wald besitzt, wird nicht von klimatischen Nachtheilen und von Holzmangel bedroht werden, wenn noch mancher Acker Wald gerodet wird, sobald sich nur die vorhandenen Wälder der besten Cultur erfreuen. Dazu kommt noch, daß Deutschlands Privatwälder jetzt wohl meist auf solchem Boden stehen, der seiner Beschaffenheit nach nur bei gehöriger Holzcultur den höchsten Ertrag giebt.

3) Verbot der Devastation, d. h. derjenigen Maßregeln in Bezug auf Haupt- und Nebennutzungen, durch welche das Gedeihen der vorhandenen Bestände wesentlich gehemmt, die geregelte Holzerzeugung und die Fruchtbarkeit des Bodens vermindert werden.

Bei allen devastirlichen Handlungen ist ganz dasselbe Endresultat zu erwarten, wie bei den Waldrodungen, d. h. Aufhören des Waldes. Das Gebot des Wiederanbaues der Waldblößen hängt eng damit zusammen, da größere unbebaute Strecken für den Nachbarbestand gleich große Nachtheile haben können, wie übertriebene Streu- und Laubentnahme, unverständig ausgeführte Weide u. s. w. Wenn daher das Gesetz die Erhaltung eines Waldes vorschreibt, so ist es nothwendig, Maßregeln gegen Walddevastation zu ergreifen, weil sonst die anderen Bestimmungen leicht umgangen werden können. Um indessen den Waldeigenthümer einer willkührlichen Behandlung von Seiten der Forstbeamten nicht preiszugeben, muß das Gesetz die Merkmale angeben, aus welchen auf devastirliche Handlungen mit Sicherheit geschlossen werden kann — und gerade darin liegt die große Schwierigkeit, wenn nicht Unmöglichkeit der Durchführung **).

---

*) Herr von Valois erwähnt noch ein in Sachsen erlassenes Decret vom 18. Mai 1811, das das Ausroden gleichfalls von der Genehmigung der Staatsbehörde abhängig machen soll. Die sorgfältigsten Nachforschungen von Seiten des Verfassers haben jedoch ergeben, daß diese Angabe auf einem Irrthume beruht.

**) Besonders reich an dahin einschlagenden Verordnungen ist z. B. die Sächsische Gesetzgebung. So erwähnen wir nur:

Es fehlt in der That in den deutschen Gesetzgebungen ganz und gar nicht an Bestimmungen, welche von dem säumigen Besitzer Anpflanzung der Blößen verlangen, und demselben eine übermäßige Benutzung der Waldstreu, Hutung u. s. w. verbieten. Sie sind nur von dem Landmanne vergessen, von dem Beamten aber nicht angewendet worden. Letzterer dürfte dabei der weniger schuldige Theil sein, denn diese Gesetze sind mehr Ermahnungen der Regierung, als ernste Verbote, bei denen doch in der Regel stets die angedrohte Strafe beigesetzt ist. Nicht minder ist der Auffassung der Beamten kein hinreichender Anhaltepunkt gegeben. Eine Blöße ist gewiß leichter zu erkennen, als die Folgen übertriebenen Streurechens, und doch ist es auch dort nothwendig, bestimmt die kleinste Fläche (etwa 1 Quadratruthe) anzugeben, bei der eine Strafe einzutreten hätte. Man hat, um diesen Eingriff in das Privateigenthum zu mildern, verschiedene Strafbestimmungen vorgeschlagen. So sollen die auf einem mit Blößen versehenen Walde ruhenden Einheiten doppelt oder dreifach so lange bezahlt werden, bis diese Stellen bepflanzt sind. Oder der Säumige wird angehalten, eine nach der Quadratruthe bestimmte Summe an die Armenkasse des Ortes zu zahlen.

Mandat dem jungen Holze keinen Schaden zu thun vom 26. Januar 1619.
...... sonderlich aber sollen die Fischer, Schäfer und Hirten gut Aufsicht haben, daß sie oder ihr Gesinde solchen Holz- und Weidewachs groß oder klein nicht abhauen, beschälen lassen, beschädigen noch verderben: im Gegentheil soll ein jeder Fischer, Schafmeister und Hirte nicht allein vor sich, sondern auch vor sein Gesinde haften und gelten. .....

Mandat die Pfropfung guter, fruchtbarer Bäume und auch Pflanzung und Setzung junger Eichen und Buchen betreffend vom 10. November 1700. Jedes Ehepaar soll hier bei seiner Verheirathung 6 junge Eichen oder Buchen oder 6 junge Obstbäume pflanzen.

Mandat vom 28. Mai 1732, beschränkt das Holzlesen, Streurechen und Vieheintreiben, empfiehlt Anpflanzung der Blößen .... §. 12 ... und da Unser Mandat wegen Pflanzung und Cultivirung fruchtbarer und anderer Bäume im Gebirge nicht überall zu nützlicher Execution füglich gebracht werden kann, so sollen dagegen die Communen und Unterthanen die vorhandenen Blößen sowohl als diejenigen Erb- und Communstücken, so zu Acker oder Wiesewachs nicht zu gebrauchen, umreißen oder aufhacken und solche mit Holzsaamen besäen und hegen .....

Wiederanbringung der ruinirten Waldungen vom 11. Februar 1763 und vom 2. August 1763, und zwar

I. Durch Säung und Pflanzung allerlei Holzsorten nach Beschaffenheit des dazu vorhandenen Bodens. Holzblößen, wüste Lehden sind zu bepflanzen. Das Streurechen ist nur dann zu gestatten, wenn das Holz in einigen Jahren geschlagen werden soll.

II. Durch pfleglichen Gebrauch und Nutzung derer Gehölze u. s. w.

Damit sind wir mitten hinein in die überaus wichtige Frage gekommen, ob eine Oberaufsicht des Staates und ein Eingriff in die Eigenthumsrechte der Privatwaldbesitzer gestattet sei, eine Frage, die seit Anfang dieses Jahrhunderts Forstleute und Volkswirthe beschäftigt hat, ohne daß bis jetzt eine feste Meinung als sichere Basis gewonnen worden ist. Wir stehen nicht an, unsere Ansicht darüber offen darzulegen.

Der Staat sichert jedem Bürger Freiheit der Person, Gewissens- und Denkfreiheit und Freiheit des Eigenthums. Es fragt sich daher, ist der Begriff: Freiheit des Eigenthums ohne Ausnahme giltig, oder mit anderen Worten: Hat der Staat ein Recht, die Privatwaldungen einer forstpolizeilichen Beschränkung zu unterwerfen? Die höchste ideale Bodencultur ist allerdings nur von der gänzlichen Freiheit des Grundeigenthumes und der Umwandlung desselben in den freien Privatbesitz zu erwarten; denn wie immer, so ist auch hier die bürgerliche Gesellschaft am hellsehendsten, wenn es darauf ankommt, über ihr Bedürfniß zu urtheilen. Die Erfahrung hat indessen mehr als einmal bewiesen, daß dieser für die Landwirthschaft ganz richtige Satz bei dem Waldbau nur bedingungsweise anzunehmen ist. Hier sind es besonders die wichtigen klimatischen Zustände, welche von dem Einzelnen in der Regel nicht erwogen werden können, während der eintretende Holzmangel, der gewöhnlich als Hauptgrund der Beschränkung angeführt wird, mit den höheren Holzpreisen nach dem Verhältniß von Nachfrage und Angebot verschwinden würde.

Alle diejenigen, welche sich einzig und allein auf den eintretenden Holzmangel versteifen, gerathen auch mehr oder minder auf Abwege. Ja sie gehen sogar so weit, natürliche Holzpreise zu verlangen, indem sie meinen, daß, wenn der Holzpreis den anderen Erzeugnissen der Landwirthschaft angemessen sei, der Landmann seinen Wald nicht in Feld umsetzen würde. Dadurch unterwerfen sie aber alle Staatsbürger einer viel härteren Beschränkung *).

Der bei weitem größte Theil der Nationalökonomen und Forstwirthe

---

*) Dies würde auch in einem großen Lande, wie Preußen, geradezu unmöglich sein, denn dann würden Posen oder Westpreußen bei Waldüberfluß das Holz viel zu theuer und die Provinz Sachsen, die wenig Wald besitzt, zu billig bezahlen. Sollte aber nur einiger Maßen billigen Ansprüchen entsprochen werden, so müßte für jede Provinz, für jede Quadratmeile, für jedes Dorf ein bestimmter Holzpreis ausgeworfen werden.

verwerfen daher im Princip die unbedingte Freiheit und erkennen mit mehr oder weniger Abänderungen eine Oberaufsicht des Staates als nothwendig und zweckmäßig an. Sie stützen sich dabei auf den Grundsatz: „Es gehört zum Zwecke des Staates, die physische Erhaltung und Wohlfahrt der Staatsbürger möglichst zu fördern." Der Staat sichert dem Eigenthümer sein Besitzthum, dieser darf dann aber auch nicht sein Eigenthum dem Zwecke des Staates entgegen gebrauchen. In anderer Hinsicht ist es Aufgabe der Wohlfahrtspolizei, allgemeine Gefahren, die die Wohlfahrt der Gesammtheit bedrohen, abzuwenden, selbst wenn in ein Privatrecht eingegriffen werden sollte. — Sehr häufig vergißt man jedoch, ausdrücklich hervorzuheben, daß Beschränkungen nur dann eintreten dürfen, wenn die allgemeine Wohlfahrt bedroht ist, das heißt, auf unsere Frage angewendet, wenn klimatische Nachtheile und Holzmangel einzutreten drohen, und gerade hierin scheint uns der Schwerpunkt der ganzen Frage zu liegen.

Wollte man nämlich den gesammten Waldbesitz in den Händen der Privatbesitzer lassen, so hat die Erfahrung bis jetzt gezeigt, daß die große Mehrzahl der Privatwaldbesitzer ihre Wälder lediglich in ihrem Interesse bewirthschaften und in diesem wirklichen oder nur eingebildeten Interesse ebenso oft den Wald verwüsten, als pfleglich und nachhaltig bewirthschaften. Jeder Mensch wird nach seinen individuellen Ansichten und nach dem Standpunkte, den er einnimmt, diejenigen Maßregeln bei seinem Gewerbsbetriebe treffen, welche für ihn am vortheilhaftesten erscheinen, ohne dabei das Ganze des Staates zu berücksichtigen. Es würde falsch sein, den Besitzer deshalb zu tadeln, verkehrt, ihn, so lange er gemeinschädliche Maßregeln nicht vornimmt, gesetzlich daran zu hindern. Ganz besonders ist nun eine solche scheinbar egoistische Sonderwirthschaft in der Eigenthümlichkeit des Waldgewerbes begründet, wie wir früher schon hervorgehoben haben.

So richtig es auch im Allgemeinen ist, daß bei vollständig freier Benutzung des Grund und Bodens, dieser am ersten den volkswirthschaftlichen Bedürfnissen entsprechend wird bewirthschaftet werden, daß das richtige Verhältniß zwischen Feld- und Waldfläche, zwischen Production und Consumtion am leichtesten hergestellt und dadurch die allgemeinen Staatszwecke am vollständigsten erreicht werden können, so muß hier auf denjenigen Werth des Waldes hingewiesen werden, der, weil er sich den ausgleichenden Gesetzen der Production und Consumtion, der Nachfrage und des Angebots entzieht, auf die Berechnungen der wirthschaftlichen Speculation wenig oder gar keinen Einfluß ausübt. Der Wald ist für das Ganze des Staates so wichtig, die Erhaltung einer angemessenen Waldfläche mit dem Wohlbefinden der Staatsbürger so innig verbunden, sogar das Bestehen des Staates kann bei gänzlicher Entwaldung gefährdet erscheinen, daß es wahrlich der unverantwortlichste Leichtsinn sein würde, alle diese wichtigen Interessen dem Spiele des Zufalles anheim zu geben *).

Wenn man daher die Frage von der Einmischung des Staates in die Waldwirthschaft der Privaten unbedingt und ohne Anwendung auf ein bestimmtes Land beantworten sollte, so würden selbst die großen Bedenken, welche der Erfahrung nach jedem Eingriffe der Staatsgewalt in die Thätigkeit der Privaten entgegenstehen, uns doch nicht abhalten, der Beschränkung das Wort zu reden, da es einmal gilt, von zwei Uebeln das kleinste zu wählen. Betrachten wir aber die Verhältnisse, wie sie in Deutschland sind, so finden wir gegenwärtig noch mehr als 25 Procent der Oberfläche mit Wald bestanden. Die weitaus größte Hälfte, fast bis zu $^3/_5$ derselben, befinden sich im Besitze des Staates, der Kirchen, Gemeinden und Corporationen, und betrachten wir deren Erhaltung und sorgsamste Pflege als Vorbedingung. Von den vorhandenen Privatwaldungen stehen sicher $^9/_{10}$ des Areales auf einem Boden, der seiner Qualität nach nur mit Waldbestand die höchste Rente giebt und ist daher auch für diesen ein Abtrieb nicht zu befürchten, während allerdings der Bestand dieser Wälder ein sehr verschiedener sein mag.

Obgleich wir nun im Hinblicke auf die Wichtigkeit des Waldes gern geneigt wären, den Betrieb nicht ganz frei zu geben, so gestehen wir offen ein, daß wir keine Form haben finden können, unter welcher eine Ueberwachung des Staates gerade in dem Maße, wie sie für den doch nur kleineren Theil nothwendig wäre, statt finden könnte, und indem wir vom rein theoretischen Standpunkte das Recht des Staates, in der mildesten Form eine Ueberwachung der Privatwaldungen auszuüben, keineswegs verken-

---

*) Vergl. v. Berg, Staatsforstwirthschaftslehre S. 263 u. ff.

nen, halten wir doch eine praktische Ausführung durch Gesetze für Deutschland zur Zeit wenigstens für vollkommen unnöthig. Es kommt dazu, daß, wie die Erfahrung lehrt, übertriebene (oder selbst schon unnöthige) Bevormundung des Staates in der Regel mehr schadet als nützt, und daß aller Polizeistrenge ungeachtet der Zustand der Waldungen gewöhnlich da am schlechtesten ist, wo die strengste Aufsicht geübt wird.

Abgesehen nämlich davon, daß sich fast gar keine allgemeinen Vorschriften für die beste Benutzung der Waldungen geben lassen, sondern daß hier Alles von individuellen, von Orts- und anderen Verhältnissen abhängt, besteht das hauptsächlichste Bedenken darin, daß gerade die Beschränkungen des Benutzungsrechtes, welche man über den Waldbesitzer verhängt, wohl am wenigsten mit den ersten Bedingungen wirthschaftlicher Thätigkeit vereinbarlich sein möchten, und daß darum auf dem Wege, auf welchem man die Forstcultur fördern will, sich gewiß nur äußerst wenig Ersprießliches, vielleicht ganz und gar Nichts, für diese Cultur erwarten läßt. Wohin würde es auch führen, wenn man, um die Furcht vor dem etwaigen Mangel irgend eines Rohstoffes oder Fabrikates zu beseitigen, den Verbrauch der Erzeugnisse unserer Betriebsamkeit überall so unter Aufsicht stellen und so in Fesseln schlagen wollte, wie man es dem Waldbesitzer hinsichtlich der Benutzung seiner Waldungen zumuthen will. Und doch sieht man denselben durch eine äußerst lästige Controle des von der Regierung zu seinem Curator bestellten Forstbeamten oft so weit gebracht, daß er selbst nicht die geringste Kleinigkeit für seinen Bedarf aus seinem Walde ohne obrigkeitliche Genehmigung an sich nehmen kann. Warum, fragt Murhard*) sehr sinnig, soll der Waldbesitzer härter gehalten werden, als der Besitzer von Getreidefeldern? Warum soll Jener dem Gemeinwesen ein von Diesem nicht gefordertes Opfer bringen? Könnte die Regierung nicht auf gleiche Weise verordnen, daß Niemand das Getreide seines Ackers früher ernte, als man es obrigkeitlich besichtigt und reif gefunden hat? Der menschliche Scharfsinn leistet auch bei der Bewirthschaftung des Feldes das noch nicht, was er leisten könnte, und es ist eigentlich nicht einzusehen, warum man ihn gerade beim Waldbaue mit übertriebenem Mißtrauen verfolgt, so umsichtslos und zutraulich man sich ihm bei nicht minder wichtigen Angelegenheiten der Versorgung des Volkes mit dessen Lebensbedarf hingiebt. — Am allerwenigsten ist gewiß die Furcht vor einem zukünftigen Holzmangel gegründet, wenn man dem Waldbesitzer gestattet, sein Holz in seiner Waldung zu fällen, wenn, wie und wo es ihm beliebt, und wenn

---

*) Ideen aus dem Gebiete der Nationalökonomie.

man ihm überhaupt erlaubt, seinen Waldboden so zu benutzen, wie es seinen Ansichten am besten entspricht. Man irrt sich, wenn man glaubt, der Hang des Menschen zum augenblicklichen Genusse seiner Habe werde ihn veranlassen, das Holz in seinem Walde zur Unzeit niederzuschlagen. Der Waldbesitzer wird dies in der Regel eben so wenig thun, wie der Besitzer einer Wiese sich hütet, sie ohne Noth in einen Weideplatz umzuwandeln oder das Gras zu Heu abzumähen und zu verkaufen, ehe es noch zum Ernten reif ist; ebenso wenig wie überhaupt Jemand eine zum Verkauf bestimmte Waare auf den Markt bringt, wenn er durch längeres Liegenlassen und Aufbewahren derselben höheren Preisen entgegensehen kann. Derselbe Landwirth, dessen Waldwirthschaft der staatlichen Controle unterworfen werden soll, um vorzeitigen Nutzungen vorzubeugen, pflanzt, ohne daß das Gesetz es fordert, Obstbäume, obgleich er weiß, daß sie ihm erst nach langen Jahren das Bodencapital und die Arbeit verinteressiren werden.

Es ist daher falsch, wenn man meint, das Privatinteresse werde seinen Vortheil dabei finden, von der einen Hand in die andere übergegangene Waldstücke sofort abzutreiben, und das geschlagene Holz zu verkaufen, und dieser augenblickliche Vortheil werde Jeden bestimmen, ohne alle Rücksicht auf forstwirthschaftliche Regeln seinen Holzbestand niederzuschlagen. Ein solches Treiben würde den Eigennutz mit sich selbst in Widerspruch bringen. Es würde die Holzpreise augenblicklich herabdrängen, während doch Jeder, der Holz zu Markte bringt, allemal auf möglichst hohe Preise ausgeht. Sieht man doch, daß in den meisten Fällen, wo bedeutende Holzkäufe gemacht werden, die Käufer sich gewöhnlich ziemlich lange Termine zum Abtriebe bedingen, und nicht selten vertragswidrig mit dem Abtriebe zaudern, um zum vortheilhaften Absatze ihrer Waare möglichst lange Zeit zu haben.

Viele wollen sogar darin, daß man dem Waldbesitzer bei der Benutzung seines Eigenthums so wenig freie Hand läßt, den Hauptgrund erblicken, warum unsere Forstcultur beinahe überall noch so tief steht, und warum alle Anstalten zu ihrer Verbesserung sich in ihren wohlthätigen Folgen doch meist nur auf die Staatswaldungen oder auf die Waldbesitzungen einzelner großer Gutsbesitzer beschränken. Für den kleinen Waldbesitzer kann allerdings wenig Anreiz zur Verbesserung des Waldes vorhanden sein, so lange ihm die Aufsicht des Forstbeamten bei jedem Schritte die Hände bindet. Statt auf die Verbesserung der Cultur ihrer Waldstücke auszugehen, überlassen sie das Wachsthum der schöpferischen Naturkraft. Die Forstpolizei hat überdies, so wie sie bisher geübt worden ist, weniger dazu gedient, den eigentlichen Ertrag der Waldungen durch Vermehrung der Waldproducte, und speculative Verwerthung derselben zu erhöhen, als vielmehr dazu, den früher bestandenen Waldungen ihren früheren Umfang unverkürzt zu erhalten.

Das ist es aber weniger, worüber in Deutschland geklagt werden muß: Nicht an Wäldern fehlt es, sondern an guten Beständen, an der Pflege der vorhandenen Forsten. Wenn es möglich wäre, daß die Forstpolizei alle die geschilderten Schattenseiten im Betriebe der Privatwaldungen entfernen, die Nebennutzungen auf das richtige Maß reduciren, wenn sie dem Besitzer neben der Belehrung, wie der Wald zu pflegen sei, auch Lust und Liebe zum Waldbaue beibringen könnte, dann würde sie ihre Aufgabe vollständig gelöst haben. So lange das nicht der Fall ist, bleibt die staatliche Controle eine für beide Theile lästige Aufgabe, die mehr schadet, als nützt. Ein einzelner Forstbeamter ist vielleicht dazu befähigt, im großen Ganzen wird die Erreichung dieses Zweckes wohl ein frommer Wunsch bleiben. Alle die verschiedensten Vorschläge, welche zur Abwehr erdacht und hier und da eingerichtet worden sind, haben sich auch zur Zeit als unpraktisch erwiesen.

Am beredtesten sprechen z. B. sicherlich vorhandene Blößen für die Nachlässigkeit des Waldbesitzers. Nichts scheint leichter zu sein, als zu bestimmen, daß für jede $\frac{1}{2}$ oder $\frac{1}{4}$ Quadratruthe unbepflanzten Waldboden pro Jahr 1—5 Thaler Strafe an die Ortsarmenkasse zu zahlen sei. Und doch würde der nachlässige Besitzer, um der Strafe zu entgehen, weiter nichts thun, als den Boden etwas aufarbeiten, ein oder zwei Pflänzchen hineinstecken und sich um die weiteren Folgen nicht mehr bekümmern. Der Schein ist gerettet, die Blöße ist bepflanzt worden — daß Nichts fortgekommen ist, dafür kann der Besitzer nicht zur Verantwortung gezogen werden. Aehnlich ist es mit der ganzen übrigen Pflege des Waldes. Streurechen und Laubstreifeln sind in hundert Fällen schädlich, aber sie würden ausnahmsweise dann zu gestatten sein, wenn in dürren Jahren der Preis des Futters und des Strohes die Beeinträchtigung des Holzwuchses *) als den geringeren Nachtheil erscheinen ließe. Welcher Staat will es aber ernstlich übernehmen, derartige Uebertretungen, die sich nur höchst selten nachweisen lassen, zu überwachen! Mindestens bleibt es immer gefährlich, wenn der Staat Gesetze giebt, deren Befolgung von ihm nicht mit aller Strenge überwacht werden kann.

Wenn wir uns daher mit Rücksicht darauf, daß Deutschlands Staats- und Corporationswaldungen fast $\frac{3}{5}$ des gesammten Waldareals einneh-

---

*) Die Wegnahme von 1 Ctnr. Streu im Buchenwalde vermindert den Holzzuwachs um etwa 3—7 Cubikfuß. (Hundeshagen.)

men, für die Privatwaldungen, von denen durchschnittlich ⁹/₁₀ auf unbedingtem Waldboden stehen, für vollständige Freiheit des Betriebes entscheiden, so geschieht dies, nicht weil wir die Wichtigkeit des Waldes unterschätzen, sondern weil uns die Erfahrung belehrt hat, daß die strengsten Forstgesetzgebungen nicht mehr Erfolge aufzuweisen haben, als die Freiheit des Betriebes*). Den neueren Vorschlägen haben wir bis jetzt noch keinen Geschmack abgewinnen können. Sie stehen entweder in keinem angemessenen Verhältnisse zu dem wirklichen Uebel und verlangen von dem Staate solche Maßregeln, als ob wir bereits an dem Extreme der Waldverminderung angelangt wären, oder sie enthalten vorbeugende Forstpolizeistrafen und Verordnungen, welche nicht nur leicht umgangen werden können, sondern auch der Willkühr Thür und Thor öffnen.

Sollten wir uns, indem wir der steigenden Intelligenz und dem Privatinteresse vertrauen, getäuscht haben, sollten für den deutschen Boden in 20, 30 und mehr Jahren wirklich ernstliche Besorgnisse durch einen verminderten Waldbestand erwachsen, so werden sich Vorschriften über den Betrieb nur nach dem Procentverhältnisse der Waldungen zur Gesammtoberfläche und nach deren Zustande zu richten haben. Die freie Veräußerung der Waldgrundstücke kann selbst da, wo freie Theilbarkeit des Grund und Bodens gestattet ist, aufrecht erhalten bleiben; die Vorschriften über den Betrieb machen den Mißbrauch der Freiheit unmöglich.

Eine einzige Beschränkung würden wir nur da für gerechtfertigt halten, wo die Beseitigung oder Devastation eines Waldes von ganz eclatanten Folgen begleitet sein würde. Solche Fälle treten ein an den Seeküsten, an steilen Abhängen, gegen Flugsand, Schutzwaldungen gegen Lawinen und Erdschlüpfe u. s. f. Hier sind entweder gesetzliche Bestimmungen zu erlassen, wodurch derartige Wälder unter die specielle Aufsicht der Regierung gestellt werden (Bannwälder) und ist die Bewirthschaftung nach Angabe der Forstbeamten zweckentsprechend zu regeln; oder es müssen die Besitzer, wie v. Berg vorschlägt**), durch das Gesetz zur Abtretung

---

*) In Bayern kommen trotz der zahlreichen beengenden Vorschriften dieselben Holzblößen und Waldabtreibungen vor, wie in Sachsen, dessen Gesetze zwar noch nicht aufgehoben, im Lande selbst aber längst in Vergessenheit gerathen sind. Wie traurig trotz aller Polizeistrenge die Wälder in Frankreich beschaffen waren, ist bekannt.

**) Vergl. v. Berg, Staatsforstwirthschaftslehre. S. 333.

der für allgemeine Zwecke zu erhaltenden Wälder, gegen Entschädigung, gezwungen werden (Expropriation).

In allen den Fällen, wo der Waldbesitzer aus Rücksichten des öffentlichen Wohles gezwungen wird, auf eine diesem entsprechende Art und Weise zu wirthschaften, muß ihm dann vom Staate eine Entschädigung gewährt werden, wenn seine Privatinteressen dadurch beeinträchtigt werden, denn es ist nicht zu verlangen, daß der Einzelne zum Wohle des Ganzen einen Nachtheil erleide, so lange eine Entschädigung möglich ist.

Daß der Staat ferner von jeder ausgeführten Rodung Kenntniß erhalte, wird kaum als eine staatliche Bevormundung betrachtet werden, da in der Statistik die Privatinteressen zu öffentlichen werden und dem Staate andere Data unweigerlich gegeben werden. Wie früher auseinandergesetzt worden ist, kann in Deutschland von einer Beschränkung der Rodungen noch abgesehen werden. Um dies aber stets übersehen zu können, könnten die Gemeindevorsteher jedes Ortes veranlaßt werden, am Schlusse eines jeden Jahres nach einem gewissen Schema anzuzeigen, ob und wie die Morgen oder Quadratruthen Waldland in ihrer Dorfflur gerodet worden seien, wenn man nicht vorziehen will, land- und forstwirthschaftliche Vereine durch ihre Mitglieder selbst von Zeit zu Zeit die erfolgten Waldverminderungen mittheilen zu lassen.

Jedenfalls ist es nicht gleichgiltig, wer mit diesen Berichterstattungen beauftragt wird, weil besonders bei dem Landmanne, sobald die statistischen Tabellen erscheinen, sich doch noch hier und da das Mißtrauen erhalten hat, daß dieselben möglicherweise zu einer höheren Besteuerung oder zu sonst einer Unannehmlichkeit führen könnten, und weil Viele, trotzdem, daß der große Nutzen derselben sonnenklar vor Augen liegt, immer noch nicht begreifen können, warum man dies alles wissen wolle und wozu es nütze.

In anderer Weise sind durch die Forstpolizeigesetze von dem Staate noch Bestimmungen über den Schutz des Waldes gegen Gefahren getroffen, die demselben von Außen drohen. Zur Sicherung des Waldeigenthumes wird eine angemessene Beaufsichtigung nöthig. In den Privat- oder körperschaftlichen Waldungen hat die Sicherheitspolizei ohne Zweifel das Recht, durch gesetzliche Vorschriften den nöthigen Schutz zu erzwingen, z. B. durch Verpflichtung zur Anstellung von Forstschutzbeamten, durch gemeinsame Forstschutzverbände u. s. w. Bei sehr getheiltem Waldeigenthunte ist die Verbindung des Forstschutzes mit dem Flurschutze zu empfehlen, wenn die Besitzer in der Nähe von Staatswaldungen nicht vorziehen sollten, die Staatsforstschutzbeamten zum Schutze ihrer Waldungen mitverpflichten zu lassen.

Hier ist es Pflicht der Privaten, der Regierung durch Bereitwilligkeit, zur richtigen und wirksamen Ausführung der Bestimmungen keine Opfer zu scheuen, entgegenzukommen. Die bedürftigen Familien wird man am besten vor der Versuchung, ihren Holzbedarf auf unerlaubte Weise aus den Privatwaldungen zu entnehmen, dadurch bewahren, daß man ihnen Gelegenheit giebt, einen Theil ihres Brennholzbedarfes durch Leseholz zu gewinnen, und durch hinlängliche Arbeit, selbst da, wo diese dem Arbeitgebenden nur einen geringen Gewinn einbringt, sich vor Mangel zu schützen. Bei Solchen aber, die nur aus Arbeitsscheu nichts verdienen wollen und dann zur Zeit der Noth die Wälder plündern, stütze man sich ganz auf die Macht der Gesetze.

Die Verordnungen, welche einen hinreichend guten Zustand der Privatwälder zu erhalten bestimmt sind, sind in den deutschen Gesetzgebungen ziemlich zahlreich vertreten. So wohlmeinend auch die Absicht ist, in der sie gegeben worden sind, so wird man doch mit Ausnahme der Verordnungen gegen Forstfrevel nicht zu viel von ihnen zu erwarten haben; sie sind bestimmt, nur im Nothfalle einzuwirken. Die Hauptsache werden stets Belehrung, Aufmerksamkeit, guter Wille und gutes Beispiel bleiben.

XII.

Vorbeugende Maßregeln.

Wenn die Frage gestellt wird: „Auf welche Weise lassen sich die aus der Abtreibung und Verwüstung der Wälder entstandenen Nachtheile beseitigen oder wenigstens mildern?" so giebt es keine bessere Antwort als: „Man pflanze Wälder an und verbessere den vorhandenen Waldbestand!" Jedermann weiß indessen, daß zur Verbesserung eines verwüsteten Waldes oft 10 bis 20 Jahre nöthig sind, und daß wir dann, wenn die Nachtheile noch durch andere Vorkehrungen beseitigt werden könnten, diese einstweilen wirkend eintreten lassen könnten.

Es möchte daher nicht überflüssig erscheinen, die Frage etwas weiter auszudehnen, und zu untersuchen, ob jene beiden vorzüglichen Nachtheile, Verschlechterung der klimatischen Verhältnisse und Holzmangel, sich nicht durch andere, wenn auch nicht so einfache Mittel wie Waldverbesserung, etwas mildern ließen. Da aber früher schon nachgewiesen worden ist, daß in Deutschland eine merkliche Abnahme der günstigen klimatischen Verhältnisse bis jetzt noch local geblieben ist, daß wir vor einem wirklichen Holzmangel zur Zeit noch verschont geblieben sind, weil die eigene Holzproduction, und reiche mineralische Brennstoffe selbst eingebildete Bedürfnisse decken, so würde die Frage überflüssig erscheinen. Allein sie gewinnt sogleich ihre Bedeutung, wenn man erwägt, daß die steigende Bevölkerung es später wünschenswerth machen könnte, daß ein größerer Theil der Waldungen dem Ackerbaue übergeben werden könnte, als selbst bei durchgängig gutem Waldstande die Wohlfahrt des Landes erlauben würde. Dann müßte es möglich sein, durch Anwendung der anzuführenden Maßregeln dies zu erlangen, weil diese dann die entstehenden Nachtheile, wenn nicht beseitigen, so doch mildern würden.

Als Vorbedingung für die Wirksamkeit betrachten wir allerdings die Erhaltung und möglichste Pflege der Staats- und Corporationswaldungen, die gleichsam als Reserve dienen müssen, ferner eine sorgfältige fortlaufende Statistik des Waldareales und endlich von der Regierung angeordnete planmäßige Witterungsbeobachtungen und regelmäßige Notirungen der Wasserhöhe unserer größeren Flüsse.

Es ist bekannt genug, welchen Einfluß die Naturwissenschaften auf die Entwickelung der Land- und Forstwirthschaft ausgeübt haben, es wird auch nach dem früher Erwähnten nicht von Neuem einer ausführlichen Auseinandersetzung bedürfen, wie nothwendig regelmäßige klimatische Beobachtungen zur Entscheidung der Frage sind, welches Waldverhältniß für ein Land das günstigste sei. In neuerer Zeit hat es zwar an verschiedenen Orten Deutschlands nicht an Beobachtungen gefehlt, und den Männern, die sie aus Liebe zur Wissenschaft unternommen haben, gebührt jedenfalls der Dank des Vaterlandes. Es fehlt aber hier noch die Einheit, das Arbeiten nach einem bestimmten Plane. Nur bei gleichmäßig justirten Instrumenten, bei gleicher Art der Beobachtung, bei einer planmäßigen Vertheilung der Beobachtungsorte kann das Erforderliche geleistet werden.

Im Oesterreichischen Staate sind allein 117 meteorologische Stationen errichtet. In Preußen beobachtet man seit 1848 im Interesse der Wissenschaft und zum Vortheile der Schifffahrt und Landwirthschaft an 31 Stationen des Landes nach einem gemeinsamen Plane. Die Anschaffungskosten der nöthigen Instrumente beliefen sich auf 3000 Thlr.; der jährliche Aufwand erreicht dieselbe Summe und vertheilt sich wie folgt:

1000 Thlr. für Druckkosten der Berichte, Porto u. a. Ausgaben.
  500 „ Gehalt des Directors in Berlin (jetzt Professor Dove).
1500 „ Entschädigungen für die 31 Beobachter.
_____
3000 Thlr.

Es ist einleuchtend, daß dieser Gehalt keineswegs mit der Mühe in Einklang steht, die die täglichen Beobachtungen erfordern. Die Liebe zur Wissenschaft hat aber überall wissenschaftlich gebildeten Männern diese Arbeit gern und willig übernehmen lassen, und ist mit so geringen Mitteln bis jetzt schon Außerordentliches geleistet worden.

In den kleineren deutschen Staaten fehlt es freilich an der richtigen Ergänzung der Beobachtungen, welche in Oesterreich und Preußen angestellt werden. Auch hier herrscht als Nationalfehler derselbe Particularismus, der mit weit größerem Aufwande an Kraft und Kosten kaum die Hälfte dessen erreicht, was mit geringeren Mitteln unter einheitlicher Leitung zu erreichen möglich wäre. Vereinzelt haben Regierungen der Mittel- und Kleinstaaten hier und da meteorologische Stationen errichtet, aus wissenschaftlichem Streben haben Männer der verschiedensten Berufsklassen, haben naturwissenschaftliche und geographische Vereine weder Arbeit noch Kostenaufwand gescheut, um die vorhandenen Lücken zu ergänzen — und doch haben die vereinzelten Notirungen zur Zeit für das Gesammtvaterland wenig Erfolg aufzuweisen gehabt, da nicht nach einem gemeinsamen Plane gearbeitet wird. Dem Können fehlt nur das Wollen, dem Wollen das Verständigen.

Es wird sich nach diesen Vorbedingungen fragen: Welche Mittel besitzen wir, um die Nachtheile, die aus einer zu bedeutenden Ausrodung oder aus dem schlechten Stande der Wälder hervorgehen, zu mildern? Der Verfasser erwähnt ausdrücklich, daß die anzugebenden Maßregeln keineswegs ganz und gar den Mangel des Waldes zu ersetzen vermögen, daß sie vielmehr nur bis auf einen gewissen Grad im Stande sein werden, die nachtheiligen Einflüsse zu mildern?

Gehen wir zuerst vom Klima aus, so wird hierher zu rechnen sein: Das Anpflanzen der Bäume in Gärten, den Umgebungen der Gehöfte, an Straßen und öffentlichen Plätzen, das Anlegen von lebendigen Hecken statt der todten (da wo dem Felde durch Dämmung kein Schaden geschieht), der Sträucher an Wiesenrändern und Bachufern u. s. w. Daß hier noch außerordentlich viel geschehen könne, wird Niemand in Abrede stellen. — Bleiben wir nur zuerst bei den Obstbäumen stehen. Wie manche Stelle ist in diesem oder jenem Garten, auf Rainen, freien Plätzen in den Dörfern, an den Wegen noch frei, die, ohne daß nur ein Schaden durch Dämmung nachweisbar wäre, einen oder mehrere Obstbäume tragen könnten. Manchem trockenen Boden könnte dadurch Schutz an heißen Sommertagen gewährt, manchem Abhange durch Verhinderung des Abrutschens und Abschwemmens die fruchtbare Erdkrume erhalten werden. An Sommertagen gewähren die Bäume an Wegen und Straßen dem Wanderer Schatten, des Nachts, besonders aber wenn Schnee liegt, zeigen sie ihm den Weg. Doch auch andere, selbst Waldbäume, werden die ihnen gewidmete Pflege reichlich lohnen. Die Linde und Ulme, der Wallnuß- und Kastanienbaum können einem freien Platze in Dorf und Stadt nur zur Zierde gereichen. Sie gewähren nicht nur Schatten, sondern machen auch durch Blüthen und Früchte ihren Standort mehr als doppelt bezahlt. Die Pappel und andere schlank und schnell wachsende Bäume werden in der Umgebung der Gehöfte mit Recht für die billigsten und natürlichsten Blitzableiter gehalten, und besonders sind hier die graue und weiße Pappel als Schatten gebende Bäume in der Nähe der Düngerstätten anzupflanzen, da sie nach Lenné's Behauptung die einzigen Bäume sind, denen die andauernde Einwirkung der Jauche nichts schadet. — Wie vielfach findet man noch anstatt der lebendigen Zäune und Hecken ohne hinreichenden Grund Vermachungen von Pfosten und Latten, selbst da, wo erstere viel wirksamer wären. Zur Einfassung der Fluß- und Bachufer könnten noch vielmehr die Weide, als Buschholz oder Stamm die Esche und Erle benutzt werden. Der beträchtliche Holzertrag, sowie die dadurch bewirkte Befestigung der Ufer lohnen die Anpflanzung reichlich. Freilich muß aber auch dafür gesorgt werden, daß dieselben durch ihre Wurzeln das Bett des Baches oder Flusses nicht einengen. Wie oft findet man, daß Eisenbahndämme unbepflanzt bleiben, und daß man wartet, bis die schöpferische Natur den Pflanzenwuchs selbst einleitet.

Wir haben früher die Gewinnung der Gerberlohe in den Eichen- und Niederschälwaldungen hervorgehoben und gleichzeitig auf die Rentabilität dieser Nebennutzungen aufmerksam gemacht. Die Bepflanzung der jetzt ungenutzten Dossirungen (Böschungen) mit Eichenstrauchholz würde einen schätzenswerthen Ertrag geben und zur Befestigung derselben wesentlich beitragen, so daß oft vorgekommene Störungen des Betriebes durch Erdstürze wegfallen würden. Die Einfassung der Seiten der Schienenwege durch Lohhecken würde die Bahn gegen Sand- und Schneetreiben schützen. Am wichtigsten und im allgemeinen Interesse dringend nothwendig scheint aber eine gesetzliche Bestimmung, da, wo die Eisenbahnen durch große Kiefernwaldungen führen, zur Verhütung von sonst unvermeidlichen Brandschäden, in einer Breite von mehreren Ruthen Laubholz und am besten Eichenbuschholz anzulegen, das sich immer feucht erhält und die Gefahr einer Entzündung nicht befürchten läßt. So hat die Niederschlesische Eisenbahn in dem Fürstenwalder Forste für Brandschäden, viele kleinere Brände ungerechnet, allein 700 Thaler zahlen müssen.

Auch für die Städte ist die Anpflanzung von Bäumen und Sträuchern, da wo es der Verkehr nicht verbietet, sehr zu empfehlen, und namentlich werden hier die Bäume dazu beitragen, die durch das Zusammenleben vieler Menschen, durch Rauch, Fabriken und mancherlei Gewerbe verdorbene Luft zu reinigen. Und welchen reizenden Anblick gewährt eine Gegend, in der durch Bäume dem Auge überall eine liebliche Abwechselung dargeboten wird!

Auf diese Art wird sich dem aufmerksamen und umsichtigen Landmanne mancher Ort darbieten, wo er mit Erfolg einen Baum anpflanzen kann. Doch inwiefern können solche Baumpflanzungen theilweise den Wald ersetzen? Daß sie es in Bezug auf den Holzbedarf können, wird Niemand bezweifeln, doch auch in Rücksicht des Klima's ist dies nicht gleichgiltig. Ein Obstgarten wirkt beinahe so gut wie ein schlecht bestandener Wald; der einzelne Baum hindert die Ausstrahlung der von ihm beschatteten Stelle; die Allee auf einer Höhe setzt dem Winde einen, wenn auch schwachen, Widerstand entgegen; jeder Baum, jeder Strauch duftet durch seine Blätter Feuchtigkeit aus: Jedes trägt sein Scherflein zum großen Ganzen bei. Daß diese vereinzelten Leistungen nicht denen der geschlossenen Waldmasse gleichkommen können, daran ist kein Zweifel, vielleicht liegt aber, wie früher schon erwähnt, ein Hauptgrund dafür, daß sich in Deutschland trotz der Entwaldungen keine klimatischen Veränderungen gezeigt haben, darin, daß der Obstbau und das Anpflanzen der Bäume an Straßen und öffentlichen Plätzen immer mehr zugenommen haben. In der Provence im südlichen Frankreich war ja der Einfluß der Oelbäume so bedeutend, daß sie in Bezug auf die Feuchtigkeit den Wald bei der Nähe des Meeres zu ersetzen vermochten. Aehnliche Dienste leisteten in England die Hecken, welche zur Umzäunung der Felder gepflanzt waren.

In derselben Weise, wie der Wald mit seinen hohen Bäumen und in seiner geschlossenen Pflanzenmenge auf das Klima einwirkt, werden aus bekannten Gründen, wenn auch in viel geringerem Grade, Wiese und Feld auf die Feuchtigkeitsverhältnisse mindestens nicht ohne Einfluß bleiben. Die Pflanzenphysiologie lehrt, daß gewisse Pflanzenfamilien, unter diesen vorzüglich die Hülsenträger (Leguminosae), mehr als andere Pflanzen im Stande sind, Wasser in Dampfform aus ihren Blättern auszuscheiden. Aufmerksam ward man darauf durch den zu dieser Familie gehörenden Tamarindenbaum, von dem die Völker der heißen Zone behaupten, daß schon sein Schatten giftig sei. Die Untersuchungen ergaben, daß dies zwar sehr übertrieben, der bedeutenden Feuchtigkeitsentwickelung wegen aber doch langer Aufenthalt unter solchen Bäumen der Gesundheit nachtheilig sei. Zugleich wollte man bei allen Pflanzen derselben Familie die gleiche Eigenschaft, wenn auch in geringerem Grade, bemerkt haben. *) Denkwürdig ist es, daß eine sehr große Menge Pflanzen von der Familie der Leguminosen bei uns in solcher Ausdehnung angebaut werden, daß heut zu Tage die Landwirthschaft kaum ohne sie bestehen könnte. Zu diesen gehören der Klee (Trifolium), Erbse (Pisum), Wicke (Vicia), Linse (Ervum), Esparsette oder türkischer Klee (Onobrychis); außerdem noch die Akazie (Robinia), Goldregen (Cytisus), Besenginster (Spartium) u. a. m. Die meisten dieser Pflanzen sind zuverlässig als Kalkpflanzen bekannt. **) Leider sind wir in der Pflanzenphysiologie noch sehr weit zurück, und die widerstreitendsten Ansichten sind in neuerer Zeit aufgetaucht. Der Gegenstand ist indessen wichtig genug, daß die Botanik wohl veranlaßt wäre, diese Pflanzen einer genaueren Prüfung zu unterwerfen, und da in Deutschland jährlich mehrere Hunderttausende von Morgen damit besäet werden, hielt es der Verfasser für nothwendig, vorläufig darauf aufmerksam zu machen.

Wie früher nachgewiesen worden, erhöhten die Wälder den Feuchtigkeitsgrad der Luft und regulirten die atmosphärischen Niederschläge, indem sie, um es kurz zu sagen, sehr heftige Regengüsse möglichst verhinderten, dafür aber um so häufiger gelinde Regen herbeiführten. Durch diese Ur-

---

*) Diese Wasserausscheidung ist so bedeutend, daß man kurze Zeit nach Sonnenuntergang an den Blattspitzen (meist da, wo die Spiralen auslaufen) sauer reagirende Wassertröpfchen bemerkt, welche anorganische Salze, Gummi, Zucker u. s. w. gelöst enthalten, trotzdem daß vielleicht eine spiegelnde Metallfläche durchaus keine Feuchtigkeitsablagerung wahrnehmen läßt, von einer Thaubildung im gewöhnlichen Sinne also keineswegs die Rede sein kann. Diese Erscheinung ist, wie der Verfasser mehrfach untersucht hat, fast bei jeder Pflanze während der Zeit des größten Wachsthumes wahrzunehmen.

**) Könnte, wenn jene Erscheinung sich bestätigen sollte, der Grund nicht vielleicht darin liegen, daß, da zum Lösen der meisten im Boden enthaltenen Kalksalze mehr Wasser nöthig ist, als z. B. zum Lösen der Alkalien, diese Pflanzen genöthigt wären, ein größeres Wasserquantum zu verdampfen? In auffallendster Weise treten diese wässerigen Ausscheidungen aus den Spaltöffnungen des Blattes, besonders am Schachtalme (Equisetum) hervor, der bekanntlich sehr viel Kieselsäure enthält, die zu ihrer Lösung noch weit größere Mengen von Wasser braucht.

sachen, zu denen noch das langsame Schmelzen des Schnees, vor Allem aber die Wirkungen der Moose kamen, verhinderten sie das plötzliche Anschwellen der Bäche und Flüsse, bewirkten aber, daß diese auch in trockener Jahreszeit durch die reichlich fließenden Quellen auf einem mittleren Höhenstande gehalten wurden. Für die durch Wasserkraft getriebenen Mühlen und Fabriken, für die Schifffahrt auf den Strömen ist dies von großer Wichtigkeit. Es fragt sich, giebt es auch hier Maßregeln, durch deren Hilfe die Nachtheile gemildert werden können? Vor Beantwortung dieser Frage muß von vornherein eingestanden werden, daß nur sehr wenig wird gethan werden können, wenn die aufgewandte Mühe und die Kosten in einem angemessenen Verhältnisse zu dem erzielten Zwecke stehen sollen. Was zuerst die Ueberschwemmungen betrifft, so sind wir glücklicherweise mit unserem Waldbaue noch nicht so weit gekommen, daß vorgeschlagen zu werden braucht, wie in Frankreich längs der Rhone und Loire, große kostspielige Wasserreservoirs zu bauen, die bei hereinbrechenden Ueberschwemmungen gefüllt werden sollen, um wenigstens ein momentanes Fallen des Wassers zu erlangen und dadurch so viel Zeit zu erhalten, daß die Bewohner des unteren Stromes ihr Leben und ihr Eigenthum retten können. Die Idee, bei kleinem Wasserstande den Strom aus diesen Reservoirs wenigstens eine Zeit lang zu speisen, klingt sehr schön, nur möchte sie sich bei der praktischen Ausführung als eine nicht zu realisirende erweisen. Zwei Eisenbahnen zu beiden Seiten des Stromes würden trotz ihrer Concurrenz eher bestehen und billiger fahren, als eine Schifffahrt, die durch solche kostspielige Bauten unterstützt werden müßte. — In Deutschland kann Manches schon durch die jetzt vorgenommene Bach- und Flußregulirung gethan werden; Reservoirs brauchen wir noch nicht zu bauen.

Nothwendiger und nützlicher dürfte vielleicht an Bächen und Flüssen das Anlegen von Apparaten sein, die dazu bestimmt sind, den Schlamm, besonders aber die in demselben enthaltenen Düngemittel aufzufangen, damit sie nicht unbenutzt früher oder später dem Meere zugeführt werden. Schon nach einem gewöhnlichen Regen beweist die trübe gelbliche Farbe der Bäche und Flüsse deutlich, welche Masse (guten, gedüngten) Ackerbodens vom Wasser mit fortgerissen werden: in wie viel höherem Grade werden dies die Platzregen vermögen. Hat man doch durch Versuche festgestellt, daß der sonst so klare Rhein in 100 Pfund Wasser durchschnittlich 1 Pfund feste erdige Bestandtheile dem Meere zuführt, die zum großen Theile den bebauten Flächen entnommen sind. Aber wie würden solche Schlammfänge einzurichten sein? Die Natur zeigt uns hier den Weg durch die Teichbildung, zugleich auch das Lohnende des Unternehmens durch die außerordentliche Fruchtbarkeit des Teichschlammes. Künstliche Teiche in den kleinen Bächen, selbst schon stellenweise Vertiefungen des Bettes würden das Wasser an solchen Stellen langsamer fließen lassen und es nöthigen, einen Theil seiner festen Bestandtheile abzusetzen. In anderer Hinsicht dürfte zu diesem Zwecke die Kohle, und zwar aus Rücksichten der Billigkeit die Holzkohle sehr zu empfehlen sein, die ja in vortrefflicher Weise die Eigenschaft besitzt, alle Unreinigkeiten aufzusaugen und festzuhalten, und müßten Versuche erst darüber entscheiden, in welcher Art und Weise dies Verfahren am zweckmäßigsten auszuführen sei. Sei es nun, daß irgend ein Flechtwerk zum Festhalten der Kohle angewendet werden müßte, oder daß diese selbst, ähnlich wie bei galvanischen Elementen, in der nöthigen Form, vielleicht in dünnen durchlöcherten Cylindern oder Platten, im fließenden Wasser befestigt werden müßte, jedenfalls würde dieses Verfahren jährlich viele Tausend Centner Düngstoffe liefern, die bei weitem billiger sein würden, als äquivalente Mengen von Guano. Der Verfasser verkennt nicht, daß sich dieses Verfahren nicht überall anwenden lassen wird, er hofft ebenso wenig, daß man sich sogleich beeilen werde, von diesem Rathe Gebrauch zu machen, er ist aber fest überzeugt, daß das Unternehmen gewiß lohnend ist, und daß früher oder später Actiengesellschaften sich bilden werden, um mit vielem Gewinne aus dem Schlamme der Flüsse ein werthvolles und gesuchtes Düngemittel zu erzeugen. Was man in London bei der Desinficirung der Themse mit Holzkohle erreicht hat, wie man nicht nur die Luft in der Nähe dieser Hauptverkehrsader Londons verbessert, sondern auch werthvolle Düngemittel gewonnen, ist bekannt.

Was den niedrigen Stand unserer Bäche und Flüsse betrifft, so kann nur durch die erwähnten Vorbedingungen, verbunden mit intensivster Cultur der vorhandenen Waldungen, dem Versiegen der Quellen und dadurch dem geringen Niveau der Bäche am besten abgeholfen werden. Mancher Quelle kann zwar durch eine bessere Fassung auf längere Zeit ein reichlicher Wassererguß entlockt, manche kleine Wasserrinne, die sonst versiegt, durch Anlegung eines kürzeren Weges, der sie nicht so sehr den Sonnenstrahlen aussetzt, dem Bache zugeführt werden, allein oft wird dies in Privatinteressen eingreifen, häufig werden sich die weiter wohnenden Mühlen- und Fabrikbesitzer weigern, dazu etwas beizutragen, obgleich sie ebenfalls davon

Nutzen ziehen, und wie selten wird dadurch ein merkbarer Zuwachs des Baches erzielt werden! Zum großen Glücke ist es auch mit unseren Bächen nicht so schlimm bestellt. Nur sehr trockene Sommer haben bisher einen wirklich ernsten Wassermangel herbeigeführt, und trockene Sommer, wenn auch nicht in der Ausdehnung, wie heut zu Tage, wird es vor 2000 Jahren auch schon gegeben haben, als ganz Deutschland nur ein großer Wald zu sein schien. — Bedenklicher — und dies ist der Hauptgrund, warum der Verfasser diesen Gegenstand berührt — sind das immer niedriger werdende Niveau und die immer größer werdende Versandung der Flüsse.

Berghaus*) sagt z. B. schon vor 20 Jahren von der Elbe: „Schreitet die Verminderung des Wasserzustandes in demselben Verhältnisse fort, so wird der Strom nach 24 Jahren, d. i. um das Jahr 1860, mit den jetzt üblichen Fahrzeugen nicht mehr als Wasserstraße benutzt werden können; ja es würde zu besorgen sein, daß dieses Ereigniß noch früher eintrete, weil die Abnahme in dem fünfjährigen Zeitraume von 1831—1835 in einer wahrhaft beunruhigenden Progression gewachsen ist." Ist auch ein so baldiges Verschwinden der Elbe aus der Reihe der schiffbaren Ströme nicht eingetreten, den immer bedenklicher werdenden niedrigen Wasserstand muß man zugeben, und die Beobachtungen an allen Elbmessern ergeben, daß dieses Sinken des Niveaus noch fortdauert. Für die Sächsische Elbe sind aber die Ursachen in Böhmen zu suchen, und bis dahin reicht z. B. Sachsens Macht nicht; auch möchte sich schwerlich der bekannte Napoleon'sche Grundsatz von den Mündungen der Ströme Oesterreich gegenüber auf die Quellen anwenden lassen.

Die anderen Deutschen Flüsse zeigen kein günstigeres Verhältniß**). Und doch bilden die Ströme die natürlichste und billigste, ja für gewisse Handelsgegenstände, für die unser Thema so eng berührende Holzeinfuhr und den Handel mit Brennholzsurrogaten fast die ausschließliche Straße. Vieles ist von den Regierungen durch die Aufstellung der Baggermaschinen und die Strombauten geschehen; ob ungeachtet der bedeutenden Kosten in Rücksicht auf die Zukunft nicht noch mehr gethan werden möchte, wagt der Verfasser, mit den Regeln der Wasserbaukunst wenig vertraut, nicht zu ent-

---

*) Länder- und Völkerkunde Bd. II. 1837.
**) In dem Zeitraume von 1831 bis 1840 ist der Stand des Rheines bei Emmerich um 2′ 9½″ niedriger geworden; die Oder bei Küstrin zeigt sich um 1′ 3″ 9‴ niedriger, als 1811 bis 1820. (Statistik des Preußischen Staates.)

scheiden. Sollte aber später Deutschlands Procentgehalt an Waldungen aus irgend welchen Gründen mit Erlaubniß der Behörden noch unter 20 Procent herabgesetzt werden, so dürfte als dringend nothwendige Vorbedingung zu betrachten sein, daß von Seiten der Regierungen Alles geschehe und daß selbst bedeutende Kosten nicht geschent würden, um die Strombahnen dem Verkehre zu erhalten.

Verlassen wir jetzt die klimatischen Einflüsse und wenden wir uns zum anderen Nachtheile der Waldverwüstung, zum Holzmangel, so würde dieser durch die möglichste Ersparniß wesentlich gemildert werden können. Hier ist ein reiches Feld der Thätigkeit für den Chemiker, den Maschinenbauer, den Verfertiger der Oefen, den Bergmann geboten. Wie viele eingebildete Bedürfnisse können hier auf das rechte Maß zurückgeführt werden.

Betrachten wir zuerst den Ersatz des Brennholzes durch Stein- und Braunkohlen und Torf, so fehlt es nicht an der nöthigen Thätigkeit der Bergwerks- und Torfgräbereibesitzer, noch weniger an der gehörigen Energie der Regierungen in Bezug auf leichten und bequemen Absatz und Transport, als vielmehr an der Bequemlichkeit des Publikums, das, von alter Sitte nicht abgehend, lieber einen schönen Baum im Walde, der in wenig Jahren als Nutzholz einen viel höheren Ertrag gegeben hätte, umsägt, als einige Scheffel Steinkohlen kauft, obgleich es ihm nicht unbekannt ist, daß die Heizkraft derselben viel bedeutender ist.

Die Technik ist unausgesetzt thätig gewesen, Brennstoffe, welche ihrer großen Zertheilung wegen für den Transport ungeeignet erschienen, zu vereinigen, um sie solchen Gegenden zuführen zu können, welche an Heizmaterial Mangel leiden. So ist man in den norwegischen Sägemühlen, wo sich große Massen von Sägespänen ansammeln, schon vor langer Zeit darauf gekommen, mit Ziegeln zu feuern, welche aus 18 bis 24 Theilen Sägespänen, 8 Theilen Thon und $1/8$ Theil Theer bestehen. — Die Masse, welche man gewöhnlich zur Darstellung künstlicher Brennmaterialien (Patentkohlen) benutzt, sind Holzkohlenlösche und Quendelkohlen, ausgebeizte Eichenlohe, Torf-, Braunkohlen-, Steinkohlen- und Koaksklein, welche man mit Oel und Fettabfällen, Harz, Steinkohlen- und Schiffstheer vermischt.

Zu Paris hat seit länger als 10 Jahren Popelin-Ducarré die sogenannten „Pariser Kohlen" erfunden. Es ist dies ein Industriezweig, welcher die

Darstellung künstlicher vegetabilischer Kohlen aus Holzkohlenlösche und verkohltem Reißholze mit Hilfe des aus den Gasanstalten bezogenen Steinkohlentheers bezweckt.

In Oesterreich hat vor etwa 15 Jahren Swozil ein Patent zur Umformung des Torfes in eine der Steinkohle ähnliche Masse genommen; er vermischte den Torf mit verschiedenen organischen Substanzen, welche zu einer Art faulender Gährung Anlaß gaben. Daraus stellte er ein Brennmaterial dar, welches mit bewunderungswürdiger Leichtigkeit und beträchtlicher Heizkraft brannte.

In Irland trennte Hill durch trockene Destillation die brenzliche Holzsäure und den Theer vom lufttrockenen Torfe, vermengte den noch heißen Theer mit der Torfkohle und verwandelte so das sperrige und in manchen Fällen ganz unbrauchbare und werthlose Material in einen nützlichen, mit Vortheil anwendbaren Brennstoff.

Der Russe Weschniakoff erfand die Herstellung eines von ihm Carboleïn genannten Stoffes, der aus Steinkohlenklein und dem Fette thierischer Abfälle gewonnen wird.

Alle diese verschiedenen Processe, die neuerdings mit großem Erfolge durch die künstlichen Brennmaterialien v. Wylam, durch die Patentkohlen v. Warlich und Bessemer, durch die Breguets und hundert andere Erfindungen vermehrt worden sind, sie alle laufen darauf hinaus, die Brennholzconsumtion zu vermindern; sie alle hindern übermäßige Angriffe des frischen grünen Waldes.

Wie viel Material könnte ferner dadurch erspart werden, daß nicht auf dem Herde, sondern in verschlossenen Räumen (Kochmaschinen) gekocht würde, und daß die Oefen besser eingerichtet würden. Hier ist aber gerade der kleine Besitzer noch am weitesten zurück. Man scheut die wenigen Thaler Anlagecapital und wirft dasselbe Geld, freilich als Rauch und unverbrauchte Hitze, alle 2—3 Jahre zum Schornsteine hinaus. — Daß grünes Holz wenig Hitze giebt, weiß jedes Kind, da aber im Walde noch einige Bäume stehen, braucht man damit nicht ängstlich zu sein. Endlich wird es doch warm, es kostet nur einige Scheite mehr. — Der Gebirgsbewohner heizt heute noch seine Stube auch im Sommer und öffnet dann das Fenster, sobald das gewaltige Feuer im Ofen oder die Röthe der eisernen Platte ihn vermuthen lassen, daß es nun wahrscheinlich des Guten genug sei. — In so und so viel Zeitschriften ist berechnet worden, wie viele Klaftern Holz jährlich ein Dorf mit einem Gemeindebackofen erspart.

Dies ist aber unbequem; denn es will das ganze Dorf zu derselben Stunde backen, und Alle weisen nach, daß es ihnen 3 Stunden später oder früher ganz unmöglich sei. Das nöthige Brod bei einem Bäcker gegen Umtausch von Getreide zu entnehmen, ist aber wieder umständlich; Andere behaupten, leicht betrogen werden zu können, obgleich es der Bäcker vor ihren Augen wiegt. — Das zerbrochene Geräth würde zwar, von Eisen gefertigt, zwölf andere hölzerne aushalten, allein es ist ja dreimal theurer, und dies ist Grund genug, es statt beim Schmied wieder beim Wagner oder Zimmermann zu bestellen. — Die unbrauchbar gewordene Umzäunung wird nicht durch einen lebendigen Zaun, sondern durch neue Bretter-, Pfosten- oder Stangenvermachung wieder hergestellt; denn woher sollte man alle zum Pflanzen nöthigen Reiser bekommen?

Doch genug davon; es ist darüber so viel geschrieben worden, daß es dieser Worte eigentlich nicht bedurft hätte. Vieles ist auch schon besser geworden, und nur wiederholtes Erinnern, vorzüglich durch die Tagespresse und gutes Beispiel, können die eingebildeten Holzbedürfnisse allmälig beseitigen. Der Stadtbewohner ist hier viel sparsamer, und selbst der Arme auf dem Dorfe, der nicht darauf ausgeht, seinen Holzbedarf auf unredliche Art zu erwerben, schont mehr als der Waldland besitzende Oekonom und der unredliche Arme, die sich bisweilen in der Holzverschwendung überbieten. Doch auch hier giebt es manche rühmliche Ausnahme. Gesetze würden hier kaum von Wirkung sein, sobald sie nicht so bevormundend wären, daß alle persönliche Freiheit dabei verloren ginge.

Wir können dies nicht einmal bei dem sogenannten Imprägniren aller solcher Bau- und Nutzhölzer empfehlen, die den Einwirkungen der Atmosphäre ausgesetzt sind. Die Erfahrung hat gelehrt, daß mit einem Metallsalze *) (meist schwefelsaurem Kupferoxyd) imprägnirte Eisenbahnschwellen 3—4mal länger aushielten, als solche, bei denen dies Verfahren nicht angewendet worden war. Hier würde ein Gesetz, daß alle in ähnlicher Weise der Einwirkung der Atmosphäre ausgesetzten Bauhölzer nur imprägnirt ihrer Bestimmung übergeben würden, von außerordentlichem

---

*) In neuester Zeit rühmt man die Erfolge, welche hinsichtlich der Conservirung der Eisenbahnschwellen und der Bauhölzer mit holzessigsaurer Zinkoxydlösung (zuerst von Adolph Schaden dargestellt) oder mit Anwendung des Paraffins (Leuchs) erzielt worden sind.

Erfolge sein, wenn es nicht bedenklich erscheinen müßte, den Regierungen da eine Gewalt einzuräumen, wo nur das pecuniäre Interesse Dessen verletzt wird, der seinen Vortheil selbst nicht zu wahren versteht. — Ganz anders ist es mit der Einrichtung rauchverbrennender Feuerungsanlagen. Hier wird, zumal in großen Städten, die Luft durch die unverbrannten Kohlentheilchen verdorben; hier werden die Rechte und Ansprüche Dritter verletzt, und scheinen uns Gesetze nach dieser Richtung um so empfehlenswerther, da sie gleichzeitig den Betreffenden zwingen, durch den verminderten Verbrauch von Brennmaterialien seinen eigenen Vortheil zu wahren.

Wenn diese Maßregeln vereinigt dahin wirken sollen, die Nachtheile, die aus der Verwüstung der Waldungen entstehen, zu mildern, so vergesse man jedoch nicht, daß es nur Aushilfsmittel sind, und daß sie nur in beschränktem Maße den fehlenden Wald ersetzen. Das beste, sicherste und einfachste Mittel, diesen Nachtheilen vorzubeugen, bleibt stets eine intensive Waldcultur.

Möge unser gemeinsames Deutsches Vaterland nie an seinen Forsten die traurigen Erfahrungen machen, die in anderen waldarmen Ländern das Herz des Menschenfreundes mit Betrübniß erfüllen; mögen sich seine Wälder auch ohne staatliche Controle der besten Pflege erfreuen; möge der Landmann, mit dem Forstwirthe vereint, dahin streben, die vielfachen Zwecke, welche die schöpferische Natur in wunderbar einfacher Weise an die Waldungen knüpfte, zu voller Geltung kommen zu lassen!

Druck von Breitkopf und Härtel in Leipzig.

www.ingramcontent.com/pod-product-compliance
Lightning Source LLC
Chambersburg PA
CBHW020257170426
43202CB00008B/416